Genuss und Sinn

Rainer Zech

Genuss und Sinn

Ein Beitrag zu einer Ethik des Lebens

Bibliografische Information der Deutschen Nationalbibliothek.
Die Deutsche Nationalbibliothek verzeichnet diese Publikation in der
Deutschen Nationalbibliografie; detaillierte bibliografische Daten sind
im Internet über http://dnb.dnb.de abrufbar.

Satz, Umschlaggestaltung, Herstellung und Verlag:
BoD – Books on Demand, Norderstedt

ISBN 978-3-7597-5232-1

Inhalt

Worum es geht

Die Sentenz von der Entzauberung des Lebens durch die Moderne wird üblicherweise Max Weber zugeschrieben. Er bezeichnete damit in den 1920er Jahren den Rationalisierungsprozess der modernen gesellschaftlichen Entwicklung, der den Aberglauben des Mittelalters durch die aufgeklärte Vernunft vertrieben hätte. Der Alltag sei kalt geworden, die Gesellschaft ein bürokratisches, stählernes Gehäuse und die Menschen nur noch Rädchen im großen Getriebe. Weber fragte auch, *ob die Welt einen Sinn hat und ob es einen Sinn hat, in ihr zu existieren.*[1] Max Horkheimer und Theodor W. Adorno hatten 1945 im Angesicht der Katastrophe von der völlig verwalteten Welt gesprochen; die aufgeklärte Vernunft sei zu *instrumenteller Rationalität* der Herrschaft über Mensch und Natur verkommen.[2] Das ist bis heute die gültige Erzählung, und mit Blick auf den herrschenden Zustand der Welt und der Menschheit findet man sich in dieser Einschätzung bestätigt. Gründe, depressiv zu werden angesichts der multiplen Katastrohe aus menschengemachtem Klimawandel, Artensterben, Umweltzerstörung, Krieg und zunehmender Gewalt im Alltag, gibt es also genug. Immer mehr Menschen, auch bereits Jugendliche, werden es auch. Leben und dabei wenigstens unsere individuelle Würde bewahren müssen wir trotzdem.

Ist die Welt verhext? Und wer ist der Hexer? Nun ja, das sind die überindividuellen Kräfte einer ausbeuterischen globalen Ökonomie, denen es mehr um ihren Profit als um den Erhalt des Lebens geht. Und da ist die in Sachen Natur- und Lebenserhalt tatenlose Politik, wenn sie nicht sogar Menschenrechte verletzt und Kriegsverbrechen begeht. Das ist alles richtig, aber das darf nicht alles sein. Wir, jeder und jede Einzelne von uns, könnten trotzdem moralisch richtig handeln – einfach deshalb, weil es richtig ist, auch wenn man im globalen Maßstab kaum Anlass zu Hoffnung sieht. Die Menschheit als Ganze habe ihre Würde verloren, meint Thomas Metzinger, es gebe aber keinen Grund, dass wir uns individuelle ebenso würdelos verhalten.[3] Aber dafür brauchen wir eine individuelle Lebensform, die würdevoll und gangbar ist und sich auch dann bewährt, wenn sich der Zustand der Welt weiter verschlechtert. Wir müssen keine Partys auf dem Vulkan feiern, übers Wochenende mit klimaschädlichen und Steuermitteln gesponserten Billigfliegern nach Mallorca jetten oder mit Monster-SUVs den CO_2-Ausstoß erhöhen. Aber für den vermeintlichen Spaß, auf den wir verzichten, brauchen wir eine bessere Alternative.

Jane Bennett hat bereits 2002 einen Gegenentwurf gegen die Säkularisierungstheoretiker, die Sinnverlust und zunehmenden Nihilismus konstatierten, vorgelegt.[4] In »The Enchantment of Modern Life« behauptet sie, unsere moderne Welt sei nie völlig durchrationalisiert worden und könne auch niemals vollständig instrumentell beherrscht werden. Trotz aller emotionalen Kälte, Schrecklichkeiten und Sinnlosigkeitserfahrungen gebe es noch immer entzückende und bezaubernde Aspekte. Sie fand den Zauber in den Naturerscheinungen, in der Physik und der Technik, in den vielfältigen Natur-Kultur-Hybriden, aber auch in den Künsten.[5] Die zauberhaften und bezaubernden Aspekte müssen wir in unserem Alltag (wieder) entdecken. Sie bilden das

Gegengewicht gegen die Sinnlosigkeitserfahrungen im großen Ganzen.

Mit diesem Essay will ich dem Zauber in unserem Alltag nachspüren und aufzeigen, was uns nährt und wie wir unserem Leben wenigstens selbst einen Sinn verleihen können. Ich möchte nachweisen, dass die beiden Wünsche, das Leben zu genießen und es trotzdem verantwortungsvoll zu gestalten, zusammen realisiert werden können. Sogar nur zusammen, denn Genuss und Sinn sind zwei Seiten der gleichen Medaille.

Ist es nicht weit über die aktuelle Krise hinaus ein Zeichen der Zeit, dass viele das Gefühl haben, im ständigen Beschäftigtsein würde ihnen das Leben zwischen den Fingern zerrinnen? Vermissen nicht viele im allgemein und umfassend gewordenen Wettbewerb vor allem Eines? Zeit zu haben, um zu leben! Die angestrengte Art, sich zu amüsieren, ist kein Ersatz – eher ein Zeichen des Mangels. Der Mangel kann sich aber auch als Chance erweisen, um darüber nachzudenken, was es eigentlich bedeutet zu leben, und um unsere Art zu leben zu überdenken: Wofür lohnt es sich zu leben? Wie können wir unserem Leben einen Sinn geben? Wie und was können wir verantwortungsvoll und ohne schlechtes Gewissen genießen? Und was hat Genuss mit Sinn zu tun? Darüber will ich in diesem Essay nachdenken. Ob es hilft? Wir werden sehen. Ein Essay ist ein Versuchen, und einen Versuch ist es allemal wert.

Essays sind ein Wagnis, denn sie suchen nicht nach Aussagen, welche die Leserinnen und Leser getrost nach Hause tragen können. Essays gleichen vielmehr

Eingangs werden im Kapitel »Das Leben leben« einige anthropologische Bedingungen der menschlich-gesellschaftlichen Existenz skizziert, und es wird aufgezeigt, in welche Spannungsfelder unsere individuelle Existenz eingespannt ist. Hier geht es um die Spannungsfelder *geboren werden – sterben* und *einzeln sein – gemeinsam sein.* Anschließend werden Lebensbereiche herausgearbeitet, die unser Leben lebenswert machen und deren Genuss uns nährt und Kraft gibt. Dies geschieht mehr oder weniger unvollkommen, eher exemplarisch. Die ausgewählten Aspekte sind im buchstäblichen Sinne *subjektiv*; sie orientieren sich an meinen eigenen Vorlieben und Sinnstrukturen. Andere mögen in ihrem Leben weitere oder andere Kraftfelder finden. Danach wird aufgezeigt, was Sinn im Unterschied zu Funktion und Bedeutung ist und wie wir unserem Leben Sinn geben können, um abschließend den Zusammenhang von Genuss und Sinn über ihre komplementäre Wertstruktur zu erschließen. Darauf folgt ein Kapitel über sinnliche und geistige Genüsse und ein weiteres über Genüsse, die nur über einen Sinnverzicht zu erreichen sind. Im Schlusskapitel wird meine Ethik des Lebens weiter ausgeführt, die ich im vorangegangenen Buch »Gelingendes Leben in einer unsicheren Welt«[7] begonnen habe. Dort hatte ich über meine Reise durch die unsichere Welt berichtet und gefragt, wie dennoch Leben gelingen kann. Es ging um einen ethischen Kompass zur

Orientierung, der uns hilft, trotz aller Verunsicherungen handlungsfähig zu bleiben. Nun geht es um die weitere *Konkretisierung von Gelingensmöglichkeiten*: um Liebe und Freundschaft, um gute Arbeit und Muße, um Natur- und Kunsterleben, um Lebensorte und Landschaften, um Leben im Hier und Transzendenz im Jetzt.

Dies ist ein persönlicher Text – eben ein *Essay*, ein Versuch, aktuell relevante Fragen aus der persönlichen Perspektive zu diskutieren. Ich erhebe keinen Anspruch auf Vollständigkeit und Allgemeingültigkeit. Eher ist es so, dass ich auch nur einer bin, der sich bestimmte Fragen stellt bzw. sich den Fragen stellt, die das moderne Leben an uns stellt. Das heißt, ich behandele meine eigenen Vorlieben im Sinne eines Exempels. Dieser Versuch mag eine gewisse Orientierung für andere bieten, sich ihren eigenen Sinn zu erschließen.

Manche mögen bemängeln, dass ich nicht über Politik und deren Verantwortung für die Krisenbewältigung schreibe. Das tun andere vielfach und gut. Gesellschaftliche Umsteuerungen sind erforderlich, wenn wir allein den Klimawandel, der droht, alles Leben auf der Erde zu vernichten, bewältigen wollen. Das ist unstrittig, aber nicht Gegenstand dieses Essays. Denn ohne dass wir uns auch individuell ändern, geht es ebenfalls nicht. Beides soll und kann nicht gegeneinander ausgespielt werden. Judith Butler wirft daher die durch Adorno klassisch gewordene Frage wieder auf, ob ein richtiges Leben im falschen möglich sei. Sie glaubt, dass wir uns an der Neugestaltung der gesellschaftlichen Bedingungen auch dadurch beteiligen müssen, dass *wir uns miteinander und füreinander neu entwerfen*.[8] Mir geht es darum zu überlegen, woher wir für unseren individuellen Neuentwurf die Kraft nehmen können. Ich will über Möglichkeiten schreiben, eine veränderte ethische Haltung dem Leben gegenüber zu finden, indem wir es genießen und zugleich sinnvoll gestalten. Hier geht es daher nur um Positives und im gewissen Sinn wieder um eine *Ethik des Gelingens*! Gerade in der heutigen Zeit erscheint es mir sinnvoll, den Blick nicht wie verhext nur auf die Katastrophen zu richten, sondern auch darauf zu schauen, was es trotz alledem noch an Gutem gibt, das uns kräftigt, um dem Negativen entschieden entgegenzutreten. Solidarität mit dem Lebendigen beginnt nun einmal beim Individuum.

Wenn, wie es im Verlauf des Essays weiter ausgeführt und begründet wird, *Sinn* ausschließlich als ein *subjektives Konstrukt zur Selbstverständigung und zur intersubjektiven Kommunikation* verstanden wird, dann gibt der Autor mit diesem Text auch seine eigene Sinnkonstruktion preis, die nicht den Anspruch haben kann, verallgemeinert zu werden. Die Publikation einer individuellen Sinnkonstruktion kann allerdings im Kontext der intersubjektiven Kommunikation für die Leserinnen und Leser eine *Bedeutung* gewinnen, und zwar die, *zur eigenen Sinnkonstruktion* für die eigene Selbstverständigung und Lebensbewältigung anzuregen, um sich für den erforderlichen Widerstand gegen das Negative in uns und außerhalb von uns zu kräftigen. Darin besteht die Hoffnung.

Ich jedenfalls bin dankbar, dass ich am Leben bin, und das sogar noch in einer Region, die trotz aller Katastrophen immer noch zu den sichersten der Welt gehört. Das ist nicht mein Verdienst, sondern eine unverdiente Gnade.

Ich danke meiner Gefährtin in gefährlicher Zeit Claudia

Dehn vor allem dafür, dass wir das Leben *zusammen* genießen können. Was den sinnlichen Genuss angeht, hat Claudia Dehn ein Rezept beigetragen, bei dem man gleichzeitig vier Geschmäcker genießen kann. Sinnlicher Genuss kann uns kräftigen. Auch was den geistigen Genuss angeht, harmonieren wir ausgezeichnet. Ihre Anregungen zu diesem Buch waren unersetzbar. Dafür widme ich es ihr.

Meinen beiden Freunden Jürgen Schunter und Claus G. Riedel danke ich, dass sie sich als Testleser zur Verfügung gestellt und mir durch ihre Kommentare weitere Anregungen gegeben haben. Ich konnte dadurch noch einmal an der einen oder anderen Stelle deutlich nachbessern. Hier ist das Ergebnis meines Versuchs

Das Leben leben – eine Minimalanthropologie

Ich kann in diesem Essay keine komplette Anthropologie menschlichen Lebens entwerfen; das ist auch nicht Sinn der Sache. Dazu verweise ich auf zwei Jahrhunderte (oder sollte ich sogar sagen: zwei Jahrtausende?) entsprechender Literatur. Stattdessen sollen im ersten Teil lediglich zwei sich kreuzende Spannungsverhältnisse skizziert werden, in die unsere Fähigkeit zu leben eingespannt ist. Obwohl sich das Leben als Ganzes in einem endlosen Kreislauf aus Entstehen, Wachsen, Vergehen und Neuentstehen vollzieht, ist das Leben der menschlichen Individuen eingespannt zwischen Anfang und Ende, zwischen *Natalität und Endlichkeit*, zwischen geboren werden und sterben. Rund 80 Jahre haben wir mit Glück Zeit, die biologische Tatsache, dass wir leben, zu einem individuell und sozial gelungenen Leben zu machen. Letzteres verweist bereits auf das zweite Spannungsverhältnis zwischen dem Leben als einzelnes Subjekt und dem Leben der Gemeinschaft, der es angehört. Hier geht es darum, im Verhältnis von *Selbstsein und Teilsein* Autonomie und Verbundenheit individuell auszutarieren, also sowohl gelungen einzeln sein wie gelungen gemeinsam sein zu können. Dass wir am Leben sind, ist nach unserer Geburt eine Tatsache; ob wir verstehen, dieses Leben richtig, das heißt, gelungen, zu leben, ist eine Kompetenz, die wir auch verfehlen können.

Das Leben an sich ist ein sich selbst erschaffendes und sich selbst erhaltendes Netzwerk. Alles hängt mit allem zusammen; nur gemeinsam ist das Ganze überlebensfähig.

Zum Ganzen gehört nicht nur das, was wir gemeinhin als lebend anerkennen: Menschen und andere Tiere, Bäume und Pflanzen sowie unendlich viele mikrobische Bestandteile. Zum Ganzen gehören ebenso Flüsse, Meere, Berge sowie die alles umfassende Atmosphäre. Das hat James Lovelock auf der Basis seiner naturwissenschaftlichen Studien dazu bewogen, die Erde als Ganze für lebendig zu erklären, weil alle Bestandteile füreinander notwendig und nicht zu trennen sind.[9] Seine *Gaia-Theorie* nimmt dabei bewusst Bezug auf alte mythologische Vorstellungen einer *Mutter Erde*, die Grund und Ursache allen Lebens ist. Das Leben ist deshalb das höchste Gut, das *summum bonum* von Moral und Ethik.[10] Dieses Ganze des Lebens – unser Ganzes – zu pflegen und zu bewahren, ist die Aufgabe des Teils, der zu denken gelernt hat. Nichts Lebendem Leid zufügen, ist deshalb die erste ethische Forderung!

Leben ist keine Nebensache, die stattfindet, wenn die Arbeit beendet wurde, selbst wenn es viele so empfinden mögen. Richtig zu leben, ist die Herausforderung, die sich jedem menschlichen Wesen nach seiner Geburt stellt. Das Wort *Leben* ist ein Nomen, ein Sachverhalt, naturwissenschaftlich definiert durch Wahrnehmung/Kognition, Stoffwechsel/Metabolismus, und Selbsterschaffung/Autopoiese. *Leben* als Verb ist ein Tun, ein Vorgang, eine Aktivität, ein Prozess, gestaltet auf der Basis natürlicher und kultureller Lebensbedingungen durch unsere Fähigkeit, in der Begegnung mit anderem durch Aufmerksamkeit und Bewusstheit Gegenwärtigkeit/Präsenz geschehen zu lassen. *Lebendigsein* ist wache Teilnahme an der Welt und ihrer Schönheit. François Jullien arbeitet seit vielen Jahren an einer »Philosophie des Lebens«.[11] Auch ihm geht es um den Vollzug, weshalb er das Verb leben (frz. vivre) dem Nomen Leben (frz. la vie) vorzieht. Zu leben bedeutet für ihn ein ständiges Übergehen in anderes, ein Sich-Verlassen und Abstand nehmen, sich zu entzäunen und seine Grenzen zu erweitern.[12] Leben ist aber auch ein – immanent verstandenes – Sich-Transzendieren in einer säkularen Spiritualität. Das Leben als individuelle Aktivität entfaltet sich zwischen Geburt und Tod und ist gekennzeichnet durch einen permanenten Wandel, der auch in unserer Hand liegt.

Geboren werden – sterben

Wir werden angefangen, und irgendwann ist Schluss. Unseren ersten Anfang haben wir nicht in der Hand und oft auch unser Ende nicht. Dazwischen müssen wir leben; diese Verantwortung haben wir selbst. Wir sind nicht dafür verantwortlich, was aus uns gemacht wurde. Eltern, Lehrerinnen und andere Autoritäten haben an unserem Anfang ihre Hand im Spiel. Wir sind schon geformt, bevor wir über unsere Formung nachdenken können. Trotzdem oder gerade deshalb sind wir verantwortlich dafür, was wir aus dem machen, zu dem wir gemacht wurden. Das lebendige Ich ist nicht fixiert, sondern fängt immer wieder mit sich selbst neu an. Es realisiert sich in einer diskontinuierlichen Gestaltenreihe, schreibt Rüdiger Safranski in seiner Studie über das Einzelnsein.[13] Es war vor allem Hannah Arendt, die im Gegensatz zu Martin Heidegger[14], der das menschliche Dasein als Sein zum Tode charakterisierte, den Menschen durch seine *Natalität* bestimmte.[15] Mit jeder Geburt beginnt ein neuer Anfang, weil dem Neuankömmling die Fähigkeit zukommt, selbst einen neuen Anfang zu machen, das heißt, zu handeln. Ein *initium* steckt als Element in allen menschlichen Tätigkeiten. Arendts Vorstellung von Handeln war das Erschaffen einer gemeinsamen Welt der Menschen, die unter der Bedingung der Natalität stehen, d. h., durch Geburt auf die Welt gekommen sind.

Die französische Philosophin Corine Pelluchon, die eine Art sinnlich-leiblichen Existenzialismus entwickelt, setzt sich wie Arendt von Heideggers Sein zum Tode ab. Für sie ist die menschliche Existenz in erster Linie ein Sein zum Leben. Deshalb ist auch für sie die Geburt von besonderer Bedeutung.[16] Die Geburt ist unser Anfang auf der Welt. Pelluchon zeigt auf, dass in diesen Anfang bereits unsere Leiblichkeit und unsere Intersubjektivität eingeschrieben ist, denn wir wurden von jemandem gezeugt und von jemandem geboren. Leben heißt für sie deshalb, darin einzuwilligen, dass wir geboren wurden und dies nicht selbst entschieden haben. Insofern hat jeder Mensch mindestens zwei Anfänge. Den ersten seiner Geburt hat er bewusstseinsmäßig verpasst. Pelluchon nennt dies die *existenzielle Vorgängigkeit* unseres Beginns.[17] Der zweite Anfang beginnt da, wo der geborene Mensch willentlich anfängt, etwas zu tun. Dem können noch viele Neuanfänge folgen, denn wir sind grundsätzlich fähig, immer wieder neu zu beginnen und immer wieder ein anderer bzw. eine andere zu werden.

So fragt François Jullien zu Beginn seines Buches »Ein zweites Leben«, inwiefern wir innerhalb der Kontinuität unseres Lebens von neuem zu leben beginnen können.[18] Wer versucht hat, sich von eingefleischten alten Gewohnheiten zu verabschieden und ein neues Verhalten anzufangen, der weiß, es ist nicht leicht, aber es ist möglich. Die Möglichkeit eines neuen Anfangs eröffnet sich immer wieder durch langsame Reifung, durch kleine Veränderungen oder Abweichungen, die sich verstärken und zu Neuem verbinden. Das Leben an sich ist ein endloser Kreislauf aus Geburt und Tod, aus Anfangen, Enden und Neubeginnen bis zu einem endgültigen, aber unbestimmten Ende des Lebens überhaupt. Unser individuelles Leben hingegen ist linear mit eindeutig definiertem Beginn und definitivem Ende. Die ultimative Bedingung, ein zweites Leben zu beginnen, ergibt sich nach Jullien, wenn man seinem eigenen Tod in die Augen blickt. Das Bewusstsein der eigenen Endlichkeit ist die existenzielle Grundbedingung des Neuanfangs. Der wichtigste Wert dafür ist Offenheit für Neues, die wichtigste Kompetenz spielerische Kreativität.[19]

Wenn schon oft das Wieder-Neuanfangen schwerfällt, weil uns Gewohnheiten an Altes, Überkommenes binden, ist es mit dem Aufhören nicht grundsätzlich bessergestellt. Ist das Leben erst einmal in einer bestimmten Spur festgefahren, ist es nicht leicht, die Fahrbahn zu wechseln. Immerhin hat das Gewöhnliche, das, woran man sich gewöhnt hat, den Vorteil, dass man es kennt und darin seine Handlungsroutinen entwickelt hat. Was danach kommen könnte, kennt man nicht, und das kann Angst machen. Es gibt allerdings keinen Abschied ohne Schmerz, aber auch keinen Neuanfang ohne Abschied. Trotz allem: Neues kann auch locken.

Aufhören zu können, ist die Fähigkeit, sich vom Alten wirklich zu verabschieden, es nicht weiter mitzuschleppen beim Neuanfang. Dies ist die Voraussetzung des Anfangenkönnens. Anfangen und Aufhören bilden ein Paar; es gibt sie nicht einzeln. Deshalb muss man auch das richtige Abschied nehmen lernen – bereits während des Lebens, nicht nur, um seinen endgültigen Abschied vorzubereiten. Wie sollte aber der, der nie zur rechten Zeit gelebt hat, *zur rechten Zeit sterben*, fragte Nietzsche im Zarathustra.[20] Aufzuhören ist bereits individuell schwer genug, aber es geht, wie jeder bestätigen wird, der z. B. mit dem Rauchen aufgehört hat. Darüber hinaus fehlen unserer modernen Kultur der Dauerpräsenz und der permanenten Innovation allerdings kollektive Rituale des Aufhörens, des Abschiednehmens, was wir alle auf Beerdigungen erleben können, wenn uns die richtigen Worte fehlen, um Anteilnahme auszudrücken, und wir zu vorgestanzten Worthülsen greifen.

Harald Welzer, der Autor der Gesellschaftsutopie des Anders-sein-Könnens, brauchte einen Herzinfarkt, um aus seiner Rastlosigkeit auszusteigen, wie er in seinem Buch »Nachruf auf mich selbst« schreibt.[21] Das *Aufhörenkönnen* zu lernen ist aber nicht nur eine individuelle Aufgabe, sondern auch eine Herausforderung für die Gesellschaft, die unter der Fiktion des immerwährenden Fortschritts durch immerwährendes Weitermachen den Weg in die Katastrophe eingeschlagen hat.[22] Vor allem wirtschaftlich darf es nicht länger nur ums Optimieren und Innovieren gehen, sondern um die Frage, womit wir aufhören müssen, wenn wir überleben wollen: z. B. mit der Förderung des Individualverkehrs oder mit der rücksichtslosen Ausbeutung nicht regenerativer Energiequellen. Dass dies in der funktional differenzierten modernen Gesellschaft so schwierig ist, liegt daran, dass in die Funktionssysteme – wie

Wirtschaft, Politik, Sport, Kunst etc. – ein unaufhörlicher Steigerungsmechanismus eingebaut ist. In der kapitalistischen Wirtschaft wird Kapital eingesetzt, um Profit zu machen, nicht um Bedarfe zu befriedigen; Letzteres ist eher der Nebeneffekt. Im Sport geht es grundsätzlich nur noch darum, die bisher letzte Höchstleistung zu überbieten, und sei es unterstützt durch Doping. *Stoppregeln* sind in den modernen Funktionssystemen nicht vorgesehen; das war eine der bedeutenden Erkenntnisse der Systemtheorie von Niklas Luhmann.[23] Der Burnout ist inzwischen ins individuelle und gesellschaftliche Leben fest eingebaut. Deshalb werden wir nicht umhin kommen, das Aufhören zu lernen. Genuss und Sinn muss in unserer gesellschaftlichen Situation daher unbedingt an Nachhaltigkeit, sogar an Suffizienz im Sinne von Verzicht gebunden werden. Zunächst und vorbereitend geht es hier um Grundbedingungen unserer anthropologischen Konstitution.

Das Aufhörenkönnen betrifft vor allem das letzte Aufhören, d. h., die Frage, wie wir uns unserer Endlichkeit stellen, wie wir sie in unser Leben integrieren, wie wir dem Tod gegenübertreten, wenn es dann soweit ist, dass wir zum letzten Mal Abschied nehmen müssen. Die beste Vorbereitung auf den letzten Abschied besteht in einem gelungenen Leben, und die entscheidende Bedingung eines gelingenden Lebens ist ein geklärtes Verhältnis zum eigenen Tod.[24] Wir lernen dies bei jedem rechtzeitigen Aufhören und bei jedem gelungenen Abschied – von einem Ziel, das nicht mehr realistisch ist, von einer Aufgabe, die wir erfüllt haben, von einer Lebensphase, die vorbei ist, von einer Liebe, die zu Ende ist, oder von geliebten Menschen, die vor uns sterben. Aufhören zu können, ist die

Bedingung gelungenen Lebens und Sterbens.

So ist unser Leben eingespannt zwischen geboren werden und sterben, aber auch in immer wieder erforderliche Abschiede und Neuanfänge. Der wichtigste Wert für die Entscheidung darüber, womit wir aufhören müssen, ist Demut; die wichtigste Kompetenz ist Gelassenheit, vor allem in der Variante loslassen und Verzicht üben zu können.

Wie jede Blüte welkt und jede Jugend
Dem Alter weicht, blüht jede Lebensstufe,
Blüht jede Weisheit auch und jede Tugend
Zu ihrer Zeit und darf nicht ewig dauern.
Es muß das Herz bei jedem Lebensrufe
Bereit zum Abschied sein und Neubeginne,
Um sich in Tapferkeit und ohne Trauern
In andre, neue Bindungen zu geben.
Und jedem Anfang wohnt ein Zauber inne,
Der uns beschützt und der uns hilft zu leben.
(Herrmann Hesse[25])

Einzeln sein – gemeinsam sein

Der Mensch ist ein soziales Wesen. Das gilt schon für den Prozess der Hominisation, also für die naturgeschichtliche Herausbildung des Menschen über einige Jahrmillionen. Aber es gilt nicht weniger für jedes individuelle menschliche Leben damals wie heute. Der Mensch ist Mensch geworden als Teil einer Gemeinschaft im Rahmen der Naturgeschichte, und zu dieser naturgeschichtlichen

Gemeinschaft gehören nicht nur die Exemplare seiner eigenen Gattung, sondern alle Lebewesen, die es ihm ermöglicht haben, Mensch zu werden: zunächst die Pflanzen, von denen er sich anfangs ausschließlich ernährt hat, später auch die anderen Tiere, die er jagte und zunehmend domestizierte. Nur als Tier unter anderen Tieren, eingespannt in das große Netz des Lebens, konnte der Mensch entstehen, überleben und sich zum *homo sapiens*, d. h., zum weisen Menschen, entwickeln.

Nun mag man heute an dieser Weisheit seinen berechtigten Zweifel haben. Selbst Natur haben wir uns inzwischen eine Kultur zugelegt, die uns zu einer zweiten Natur geworden ist und uns von der ersten entfremdet hat. Natur ist jetzt das, was uns äußerlich gegenübersteht. Das Gegenüberstehende ist das *Objekt* und damit unserer Herrschaft unterworfen. Die Erfolge der Herrschaft sind heute unsere größte Bedrohung. Wir nennen das Krise, die eigentlich den Scheitelpunkt einer Entwicklung zum Besseren bezeichnet. Da noch keine Besserung überzeugend in Sicht ist, sollten wir den selbst herbei geführten Zustand der Welt präziser Katastrophe nennen, was schweres Unglück bedeutet. Dass Unglück auch ein verbreitetes individuelles Phänomen ist, zeigen nicht zuletzt die Legionen von Glücksratgebern auf dem Buchmarkt. Es scheint, als habe der Mensch die Fähigkeit, als Teil einer Gemeinschaft des Lebens gelungen zu leben, verloren.

Allerdings gehört zur Natur des Menschen auch seine Fähigkeit zur *Transgression*, zur Überschreitung bisheriger Grenzen, zum Wandel – auch zum Kulturwandel! Insofern ist noch nicht alles aussichtslos. Immanuel Kant, von dem das Motto der Aufklärung *sapere aude* – d. h., wage es, weise zu sein – stammt, fordert also die Weisheit vom *homo sapiens* wieder ein.[26] Allerdings dachte er selbst noch auf der Basis der Spaltung in Natur und Geist, unterschied zwischen der Notwendigkeit in der Natur und der Freiheit des menschlichen Willens. Er hielt das Vermögen, aus Freiheit zu handeln, für eine Grundkonstitution des Menschen.[27] Seiner Ansicht nach verfüge der Mensch über die Fähigkeit, jederzeit eine neue Kausalreihe anzufangen zu können. In jedem beliebigen Moment könne man von seinem Stuhl aufstehen und damit eine neue Handlungsreihe samt deren natürlichen Folgen bis ins Unendliche beginnen – so sein Beispiel. Also stehen wir auf! Nutzen wir unsere Weisheit! Es liegt an uns, eine neue Kausalreihe zu beginnen, die aus der Katastrophe herausführt. Beispiele, wie es im Kleinen und nicht nur im Kleinen anders gehen könnte, sammelt Harald Welzer in seinem Projekt Futur II.[28]

Heute ist die von René Descartes[29] in die europäische Denktradition eingeführte Trennung zwischen Körper und Geist weitgehend überwunden, und wir erkennen wieder, dass wir Menschen Naturwesen sind, eingebunden in den großen Kreislauf des Lebens und ohne diesen nicht lebensfähig. Menschen können ihren Naturzustand zwar nicht überwinden, aber über ihn hinausdenken und erkennen, dass die menschengemachten Naturkatastrophen uns zeigen, dass eine Fortsetzung unserer desaströsen Wirtschaftsform in den Untergang der menschlichen Gattung, wenn nicht zum Untergang sämtlichen Lebens führt.

Wir brauchen nicht weniger als einen *neuen Anfang* – gesellschaftlich und individuell. Als Einzelne sind wir ohnehin gezwungen, immer wieder ein anderer bzw. eine andere zu werden, weil sich das Leben ändert und wir andernfalls unabhängig von unserem Lebensalter rettungslos hinter der Zeit zurückbleiben. Dafür ist es vorteilhaft, dass unser Ich bzw. unser Selbst kein Objekt ist, sondern ein Prozess. Das erlebte Selbst ist die emergente Eigenschaft aller unserer je konkreten Erfahrungen, Wahrnehmungen, Gefühle etc. – ein kontinuierlicher, fluider Prozess, kein festes Ding, sondern das sich wiederholende Muster unseres gewohnheitsmäßigen Handelns.[30] Das hat die neurophysiologische Forschung immer wieder bestätigt. Ein Ich zu *haben*, ist eine, wenn auch hartnäckige, Illusion. Für Veränderungen ist die Fluidität unseres Selbst von Vorteil. Nutzen wir dies für einen *individuellen und gemeinsamen* Neuanfang. Das Ziel ist allerdings nicht die durch die Aufklärung propagierte individuelle Autonomie des Menschen – es sei denn, sie würde als Selbststeuerung aus ethischer Einsicht in den Gesamtzusammenhang des Lebens verstanden. Statt Autonomie zu betonen, sollten wir stärker auf unsere allgemeine *Verbundenheit* mit einer mehr als menschlichen Lebensgemeinschaft setzen.

Die Gemeinschaft ist die zentrale Lebensbedingung der Einzelnen. Der Mensch ist ein gesellschaftliches Wesen; auch vereinzeln kann er sich nur in der Gesellschaft. Als Einzelwesen ist das Individuum nicht überlebensfähig. Als Kind ist dies offensichtlich; als Erwachsener kann man die Illusion haben, es ginge auch ohne die anderen. Wie schon ausgeführt, sind die anderen nicht nur die anderen Menschen, sondern die anderen sind alle Lebewesen, also außer den Menschen die Tiere, die Pflanzen sowie die unzähligen mikrobischen Kleinstlebewesen und Mineralien, die das Leben im Ganzen erhalten. Wir sind Teil von *Assemblagen* (Zusammenfügungen), zu denen zusätzlich auch die Dinge gehören, die wir produzieren, und die Technologien, die wir einsetzen.[31]

Eingebunden als aktiver Teilnehmer im kooperativen Netz des Lebens ist jeder und jede Einzelne daher kein Individuum, also kein Unteilbares, sondern selbst eine Assemblage, eine Konföderation aus fremden Materialien, aus Mineralien, Mikroben, Werkzeugen und vielem anderen. Fünfzig Prozent der menschlichen Körperzellen sind Mikroorganismen, die den Menschen als Wirt nutzen, ihm aber auch zum Leben dienen.[32] Eine klassische win-win-Situation! Was heißt da noch einzeln sein? Nur als Teil dieses ganzen Lebensnetzes können wir leben. In diesem sorgt nicht nur der Mensch für das Leben der Natur, auch die Natur sorgt für die Lebensbedingungen des Menschen. *Sorge* ist deshalb ein allgemeines Phänomen im Netz des Lebens. Und ethisches Verhalten ist deshalb nichts, wofür oder wogegen wir uns entscheiden können. *Leben ist von Grund auf ethisch*; Ethik reguliert das Zusammenleben.

Menschen sind relationale Wesen; ohne Teil einer Gemeinschaft zu sein, können sie nicht leben – schon gar nicht gut leben. Heute leben wir in Gesellschaften, die in der Regel staatlich verfasst sind. Diese heutigen, modernen Gemeinschaften dürfen allerdings keine mehr sein, die ihren Mitgliedern eine gemeinsame Identität aufzwingen. Vielmehr sollten sie so sein, dass sie den Beteiligten die Möglichkeit eröffnen, Anderssein und Abweichung zu leben. Nicht Fusionszwang unter eine vermeintliche nationale Leitkultur, sondern eine *Einheit der Vielfalt*, wo jede Person ihren Platz findet und diesen auch wechseln kann, wenn sie sich verändert. Es geht um

Gemeinschaften, die sich nicht in ihrer vermeintlichen Identität einschließen, sondern deren interne wie externe Grenzen porös und durchlässig sind. Die Gesellschaft als Ganze ist für die meisten viel zu weit weg, als dass sie Identifikation auf sich ziehen kann. Der Staat ist kein Ersatz, und ein Verfassungspatriotismus kein emotionales Gebilde. Die Globalisierung macht das Leben zusätzlich kühler. Gerade in der globalisierten Welt suchen die Menschen wieder lokale Gemeinschaften, in denen sie sich zuhause fühlen können. Auch in der globalen Welt bleiben die Gesellschaften heute immer noch nationalstaatliche. Ich stelle mir diese jedoch als rahmengebend für die lokalen Gemeinschaften vor, als ermöglichend, als rechtliche Organisationsform, die Freiheit – vor allem die der Andersdenkenden – und Gerechtigkeit für Menschen und Tiere sicherstellt, damit die Einzelnen sich ihre lokalen Gemeinschaften suchen können.

Allerdings ist auch das Einzeln-Sein eine Herausforderung, da es nur in der Gesellschaft stattfinden kann. Dass es immer mehr Singlehaushalte gibt, ist noch kein Beleg dafür, dass Einzelne gekonnt allein sein können, ohne einsam zu sein. Im Gegenteil, Einsamkeit ist ein eins der größten Probleme moderner Gesellschaften. Inzwischen hat auch unsere Bundesregierung erkannt, dass es einer Strategie gegen Einsamkeit bedarf.[33] Autonomie im Sinne der Verfügung über die individuell relevanten Lebensbedingungen und Interdependenz als solidarische Verbindung mit den anderen bilden ein Bedingungsgefüge, das auf beiden Seiten entsprechende Kompetenzen voraussetzt. Beim *Einzelnseinkönnen* geht es nicht um eine Singularisierung, die in den sozialen Medien die vermeintliche eigene Besonderheit zur Schau stellt, sondern um das individuelle Bewusstsein, fest im Leben geerdet zu sein und deshalb nicht einer permanenten Unterhaltung zu bedürfen. *Einzelnseinkönnen als Selbstgenuss!*

Unser Leben ist eingespannt zwischen *einzeln sein und gemeinsam sein* – zwei Pole, die sich bedingen. Diese Spannung müssen wir individuell austarieren. Die integrative Sorge um sich und die Sorge um die anderen, Menschen und andere Lebewesen, ja um die Natur und die Welt als Ganze, sind daher keine Gegensätze. Der wichtigste Wert in der Gemeinschaft des Lebenden ist Solidarität; sorgende Verantwortung zu übernehmen die wichtigste Kompetenz.[34]

Das Leben genießen

Den Zauber des Lebens, den Max Weber verloren sah und Jane Bennett wiederentdecken will, muss man unter dem Schutt, dem Abfall und dem Müll, den die kapitalistische Produktionsweise über unser modernes Leben angehäuft hat, ausgraben. Das will ich im Folgenden herausarbeiten – unter der Zuhilfenahme einer Weltbetrachtung, die uns die Romantik gelehrt hat.

Die Welt muß romantisirt werden. So findet man den ursprünglichen Sinn wieder. Romantisiren ist nichts als eine qualitative Potenzirung. Das niedre Selbst wird mit einem bessern Selbst in dieser Operation identificirt. So wie wir selbst eine solche qualitative Potenzenreihe sind. Diese Operation ist noch ganz unbekannt. Indem ich dem Gemeinen einen hohen Sinn, dem Gewöhnlichen ein geheimnißvolles Ansehn, dem Bekannten die Würde des Unbekannten, dem Endlichen einen unendlichen Schein gebe, so romantisire ich es.[35]

(Novalis)

Gemeint ist – wie Stefan Matuschek erläutert – das bewusste, kreative Vermögen, die Wirklichkeit so anzuschauen, dass sie im Auge des Betrachters eine transzendente Dimension erhält.[36]

Außer Mühsal, Pflicht, Schmerz und Tod ist das Leben in erster Linie *Genuss*. Das ist jedenfalls die These, die Corine Pelluchon ihrem Buch »Wovon wir leben« zugrunde legt. Veranschaulichen kann man sich dies bereits am neu geborenen Kind, wenn man es an der Brust seiner Mutter sieht. Im Sinne und in der Nachfolge eines leiblichen Existenzialismus, z. B. von Maurice Merleau-Ponty, sucht Pelluchon nach Strukturen der Existenz bzw. so genannten *Existenzialien* (Seinsbestimmungen) des menschlichen Daseins. Dazu fragt sie, worin die Zugehörigkeit des Menschen zu einer ihn nährenden, natürlichen und kulturellen Welt zum Ausdruck kommt.[37] Es geht ihr nicht um kruden Party-Hedonismus des Spaßhabens. *Nahrung* ist für sie alles, was das Leben nährt und erfüllt, also alles, was wir brauchen, um gut zu leben. Es geht um natürliche, kulturelle und spirituelle Nahrung, um alles, was Geschmack, Würze und Schönheit in unser Leben bringt. Das Leben in der Welt dieser Nahrung ist deshalb für sie Genuss, und Genuss ist gelebte Sinnlichkeit und Liebe des Lebens.

Sinnlich genießen wir unsere Präsenz in der Welt. Es sind unsere Sinne, die uns mit der uns umgebenden Welt verbinden. Vor allem unsere Nahrung bindet uns über die eigene sinnliche Leiblichkeit an die Welt, die uns nährt, und sie prägt unsere Subjektivität. *Umweltverschmutzung* ist deshalb auch eine Störung unserer Subjektivität – *Bewusstseinsverschmutzung*, weil sie auf einem gestörten Verhältnis zu unseren eigenen Naturbedingungen beruht. Sobald wir uns auf Nahrung beziehen, sind wir *im ethischen Bereich*, denn wir müssen in Rechnung stellen, wovon wir abhängig sind und wie sich unser Verhalten auf die Natur sowie auf andere Menschen und Tiere auswirkt. Wer Fleisch isst – das waren 2021 etwa 90 Prozent der Bevölkerung in Deutschland – akzeptiert, dass Tiere leiden und andere Menschen am anderen Ende der Welt hungern. Das kann man verdrängen, aber nicht ungeschehen machen. Unsere Ernährung bindet uns an die weltweiten

Kreisläufe von Produktion, Vertrieb und Handel. Ethik ist nicht frei wählbar.

Ein verantwortlicher Genuss lässt uns den Reichtum der Welt spüren. Im Genuss, den uns unsere Sinnlichkeit vermittelt, zeigt sich eine Fülle des Lebens, die unserer verstandesmäßigen Erkenntnis entgeht. Die Sinnlichkeit hat ihre eigene Wahrheit. Schon 1750 hatte Alexander Gottlieb Baumgarten deshalb der Logik, als rationaler Erkenntnis, die Aisthesis, als sinnliche Erkenntnis, gleichberechtigt zur Seite gestellt.[38] Der Genuss bringt ein Einverständnis mit dem, was uns nährt, und eine Harmonie zwischen dem Menschen und der Welt zum Ausdruck.[39] Genießen bedeutet, die elementaren Strukturen des Lebens zu (er-) leben. Uns von der Welt nähren heißt, unsere Kräfte und unsere Vitalität zu stärken. Genießen bedeutet, auf einer guten Qualität des Lebens zu bestehen – und für diese zu sorgen und sich für sie einzusetzen. Die Grundlage eines sorgenden Verhältnisses zur Welt ist die Liebe, die uns mit dem Lebendigen verbindet und die dafür sorgt, dass wir uns selbst lebendig fühlen. Wenden wir uns ihr deshalb als erster aus der Reihe der Aspekte zu, die uns nähren und kräftigen.

Du mußt das Leben nicht verstehen,
dann wird es werden wie ein Fest.
Und laß dir jeden Tag geschehen
so wie ein Kind im Weitergehen
von jedem Wehen
sich viele Blüten schenken läßt.

Sie aufzusammeln und zu sparen,
das kommt dem Kind nicht in den Sinn.

Liebe und Freundschaft

Man muss das Leben lieben, um sich in dieser Welt im Sinne einer ethischen Sorge für das Leben zu engagieren, behauptet Jane Bennett.[41] Unter dem im 1. Kapitel ausgeführten Gesichtspunkt, dass der Mensch nicht nur mit anderen Menschen zusammenlebt, sondern Teil und Beteiligter an der natürlichen Gemeinschaft des Lebendigen ist, kann Liebe nicht nur auf das intersubjektive Verhältnis einzelner Menschen bezogen werden. Die Liebe zum Ganzen ist Grundlage der Sorge für sich, für die anderen und für die Welt, die Verantwortung übernimmt für das Gedeihen des anderen und zugleich ein erotisches Spiel der Verzauberung ist. *Liebe* ist ein sinnliches Gefühl und als Bewusstsein Ausdruck meiner Einheit mit der Welt, sodass ich nicht isoliert, sondern verbunden bin. Ich will und kann nur ich sein, indem ich Teil des Ganzen bin, für das ich die Verantwortung übernehme. Liebe bedeutet Verwirklichung im anderen und des anderen in mir. So hatte ich es bereits in meinem vorangegangenen Buch beschrieben.[42]

Auf antikes Denken zurückgreifend, hat das Christentum zwischen *Eros* und *Agape* unterschieden. *Eros* ist die sexuell getönte zwischenmenschliche Liebe, aber auch die

Liebe der Schönheit. *Agabe* hingegen bezeichnet die Liebe Gottes, aber auch die Liebe der Menschen zu Gott und die Liebe, die die Christenmenschen untereinander empfinden – jedenfalls der Theorie nach. Die Unterscheidung säkular aufgreifend, sollten wir neben der Liebe zu den Menschen auch die Liebe zur Natur und zum Schönen generell pflegen. Uns liebend dem Lebendigen zuzuwenden und uns sorgend in diese Gemeinschaft einzufügen, erst das macht die Liebe zu einem umfassenden Gefühl, das unsere Art zu leben grundiert. Dieser umfassenden Liebe kommt Bennetts Grundvoraussetzung ethischen Handelns noch am nächsten – als emotionale Einstellung oder Haltung der Welt und dem Leben gegenüber.

Liebe gibt es in den unterschiedlichen Formen: neben der geschlechtlichen Liebe zwischen zwei Menschen z. B. als Liebe zwischen Eltern und Kindern. Auch ist die Freundschaft nicht grundsätzlich von der Liebe verschieden. Diese Liebe nannten die antiken Griechen *Philia*. Ein Liebesverhältnis schließt wohl immer Freundschaft als einen ihrer Aspekte ein, wie echte Freundschaft in einer bestimmten Form von Liebe wurzelt, allerdings fehlt hier meistens eine offensichtliche erotisch-sexuelle Komponente. Liebe gibt es zudem zwischen Menschen und Tieren. Schließlich spricht man sogar davon, dass Menschen ihren Beruf oder sogar ihr Vaterland lieben, was wohl meint, dass sie eine gewisse Leidenschaft für diese empfinden. Letzteres mag aufgeklärten Personen merkwürdig, wenn nicht sogar gefährlich erscheinen, denn der Nationalismus der Vaterländer sollte sich in einer gemeinsamen Welt überlebt haben. Er hat historisch zu nichts Positivem geführt. Es sieht auch so aus, als könnte es so etwas wie Liebe zwischen zwei Tieren derselben Art geben; einen Mutterinstinkt gibt es auf jeden Fall, und manche Tierarten leben lebenslang monogam in einer festen Partnerschaft. Obwohl Liebe einerseits ein Grundgefühl zu sein scheint, das mit dem Leben verbunden ist, müssen wir andererseits das Nichtvorhandensein von Liebe konstatieren. Dies ist jedenfalls zwischen Menschen nicht selten. Zunehmend kommt es sogar zu Hass, wobei zu fragen ist, ob es sich dabei nicht um eine pervertierte Liebe handeln könnte.

Was Liebe *ist*, darüber wurde viel philosophiert und sogar neurophysiologisch geforscht. Biochemische Prozesse im Gehirn, die mit evolutionären Überlebensvorteilen verbunden sind, lassen sich jedenfalls nachweisen. Eine befriedigende Erklärung für das erlebbare Gefühl ist mir hingegen nicht bekannt. Meistens lässt man hier die Dichter sprechen.

Wie soll ich meine Seele halten, daß
sie nicht an deine rührt? Wie soll ich sie
hinheben über dich zu andern Dingen?
Ach gerne möcht ich sie bei irgendwas
Verlorenem im Dunkel unterbringen
an einer fremden stillen Stelle, die
nicht weiterschwingt, wenn deine Tiefen schwingen.
Doch alles, was uns anrührt, dich und mich,
nimmt uns zusammen wie ein Bogenstrich,
der aus zwei Saiten eine Stimme zieht.
Auf welches Instrument sind wir gespannt?
Und welcher Spieler hat uns in der Hand?
O süßes Lied. [43]

(*Rainer Maria Rilke*)

Vielleicht ist die Frage nach dem *Sein* der Liebe auch gar nicht die richtige Frage. *Dass* es so etwas wie Liebe gibt, ist jedenfalls unstrittig. Deshalb wollen wir hier lieber fragen, *wie* Liebe *funktioniert*, wenn sie funktioniert. Schauen wir also auf den *Mechanismus* der Liebe – auch wenn sich das irgendwie unpassend kühl anhört. Freundschaft als eine Form der Liebe ist hier immer mitgemeint; ihre spezifischen Bedingungen werden anschließend diskutiert. Wenn wir wieder versuchen, das *Spannungsfeld* zu ergründen, das Liebe wirken lässt, dann finden wir in allen Beispielen zwei Seiten, besser zwei Pole, *zwischen* denen etwas *passiert* – in der Bedeutung, dass *etwas* eine Grenze überschreitet, auf eine andere Seite hinübergeht. Ich nenne diese Pole zunächst abstrakt den Einen und den Anderen. Zwischen dem Einen und dem Anderen gibt es eine Trennung, einen gewissen Abstand; sie fusionieren nicht, sondern bleiben getrennt. Dass Menschen sich die Liebe gelegentlich als Fusion vorstellen oder zu leben versuchen, führt in der Praxis dann meistens zum Ende der Liebe. Es braucht dieses *Dazwischen*[44], damit Liebe funktionieren kann. Der Abstand zwischen den Polen, der das Dazwischen eröffnet, ist allerdings nicht das, was trennt, sondern gerade das, was verbindet, ohne die Pole zu verschmelzen. Nur so kann eine Spannung entstehen und das Gefühl zu lieben. Das Dazwischen öffnet eine Passage, wo etwas *Neues* passiert, das weder das Eine noch das Andere ist und auch kein kleinster gemeinsamer Nenner von beiden Seiten. Die beiden Seiten mögen sich in gewisser Hinsicht ähnlich sein, ihr grundsätzliches Unterschiedensein ist jedoch die Voraussetzung, dass zwischen ihnen Liebe passieren, d. h., prozessieren kann, dass etwas entsteht, das weder der, die oder das Eine noch der, die oder das Andere ist, sondern etwas Drittes, das nicht fassbar ist, aber das Leben intensiviert und erneuert.

Da *Freundschaft* meines Erachtens eine besondere Form der Liebe ist, gilt alles bisher Gesagte auch hier. Man kann sie darüber hinaus etwas genauer spezifizieren. Menschen leben in intersubjektiven Verhältnissen und unterhalten in diesen unterschiedliche Beziehungen: zu ihrem Frisör, zu Kolleginnen, zum Sportkumpel, zur Bekannten – und in der Regel zu wenigen Freundinnen und/oder Freunden. Was macht diese Beziehungsform so besonders, dass während 5000 Jahre Menschheitsgeschichte über Freundschaft in Literatur und Philosophie nachgedacht wurde? Im historisch wohl ältesten Epos, dem Gilgamesch[45], wird die Geschichte der Freundschaft zwischen dem König von Uruk Gilgamesch und Enkidu auf der Suche nach der Unsterblichkeit erzählt. Das Epos wird auf etwa 3000 Jahre v. u. Z. datiert. In der Nikomachischen Ethik[46] (um 330 v. u. Z.) widmet sich Aristoteles auf vielen Seiten der Freundschaft (damals selbstverständlich nur zwischen Männern) als wichtigste Beziehungsform, die die Polis zusammenhält. Dieser Aspekt wird auch wieder in der modernen individualisierten Gesellschaft bedeutsam, wo traditionelle Beziehungsformen, z. B. in Sippe und Familie, verfallen. Freundschaften bilden dann einen Ersatz für hergebrachte, institutionalisierte Sozialformen. Obwohl die Bedeutung von Freundschaft in der Moderne wächst, macht Georg Simmel bereits 1908 in seiner Soziologie der Freundschaft darauf aufmerksam, dass die Vertrautheit, die Freundschaft erfordert, mit der wachsenden gesellschaftlichen Differenzierung immer schwieriger wird.[47]

Als *Voraussetzung von Freundschaft* wird in der Literatur oft eine gewisse Seelenverwandtschaft gesehen. Man ist sich auch einig, dass gegenseitige Vorteilsgewährung keine tragfähige Grundlage von Freundschaft ist. Es heißt zwar, dass Freundschaft sich in der Not bewährt, allerdings funktioniert sie nicht auf der Basis instrumenteller Nutzenerwartung. Freundschaft hat ihren Zweck in sich selbst und nicht außerhalb ihrer. Ohne Sympathie, also Mitleid, besser Mitschmerz (von *sym* = mit, zusammen und *pathos* = Leid/ Schmerz) gibt es wohl keine Freundschaft, aber eine Mit-Lust oder Mit-Freude sollte diese unbedingt ergänzen. Freundschaft, wie jede Form der Liebe, bedarf der Pflege. Und beide können nur gedeihen, wenn man sich selbst liebt bzw. mit sich selbst befreundet ist. Darauf wird seit Aristoteles immer wieder aufmerksam gemacht.[48] Liebe deinen Nächsten, wie dich selbst, fordert bereits die Bibel.[49]

Auch wenn Freundschaft manchmal Jahre der Trennung überleben kann, bedarf sie doch gemeinsamer Zeiten. Geteilte Interessen können wichtig sein. Wichtiger erscheinen gemeinsame Ideale bzw. eine ähnliche ethische Haltung dem Leben gegenüber. Für Sören Kierkegaard bildet das ethische Moment den eigentlichen Ausgangspunkt der Freundschaft, die sich ohne eine *gemeinsame ethische Grundlage* gar nicht denken ließe.[50] Das für die Dauer der Freundschaft Wichtigste ist allerdings, dass eine Spannung zwischen dem oder der Einen und dem oder der Anderen entsteht und aufrechterhalten wird. Dafür ist die Bereitschaft, sich auf der Basis von Vertrauen und Respekt gegenseitig zu öffnen, sich zu reflektieren und in Frage stellen zu lassen, unerlässlich. Das intime Gespräch zwischen

Freunden, das ein gemeinsames Schweigenkönnen einschließt, ist es, worin sich Freundschaft äußert. Ohne es gibt es kein gemeinsames Wachstum.

Siegfried Kracauer nennt die Freundschaft ein *Anzeichen höchster Daseinsfülle*[51], und Cicero befindet sogar, wer auf Freundschaft verzichte, der nehme die Sonne aus der Welt.[52] In Anbetracht von allem, was bisher erörtert wurde, sollte deutlich geworden sein, wieso Liebe und Freundschaft die wichtigsten Faktoren sind, die unser Leben nähren und stärken, die uns unsere Lebendigkeit genießen lassen. In Liebe und Freundschaft realisiert sich der menschliche *Beziehungssinn*.

Arbeit und Muße

Dass ich meine Liste der Dinge, die das Leben lebenswert machen, mit der Arbeit fortsetze, bedarf einer wichtigen Einschränkung. *Arbeiten* ist kein Synonym für jegliche Kraftentfaltung, sondern nur der Teil menschlicher Aktivitäten, der der Reproduktion des *oikos* dient, der also im wirtschaftlichen Kreislauf anfällt. Und in diesem Kosmos ist Arbeiten meistens kein Vergnügen, sondern, worauf auch die Herkunft des Wortes hinweist: *Mühe, Plage und Qual.* Davon erzählt die Geschichte, seitdem wir aus dem Paradies vertrieben wurden und durch Gottes Fluch gezwungen sind, unser Brot im Schweiße unseres Angesichts zu verdienen. Arbeiten ist sinnlich-leibliche und geistige Anstrengung und meistens kein Spaß. Das war den Menschen bis weit in das 18. Jahrhundert klar. Erst der Protestantismus hat Arbeiten mit einem

Erlösungsversprechen verbunden, und diese Ideologie hat sich in der Moderne als Selbstverwirklichung, inzwischen sogar als neoliberale Selbst*optimierung*, durchgehalten. Tatsächlich arbeiten wir, um zu leben; und es ist eine moderne Pathologie, dass wir inzwischen leben, um zu arbeiten.[53] Aktuell lässt sich zwar bei der jungen Generation eine gewisse Absetzbewegung gegen lebenslange Schinderei beobachten. Ob diese allerdings die Kraft hat, unsere Arbeitsgesellschaft zu reformieren, ist fraglich, weil es sich um Entscheidungen Einzelner handelt und keine kollektive Kritikbewegung dahintersteht.

Marx hatte die Utopie, dass der Mensch sich selbst und den anderen in der Arbeit doppelt bejaht; vorausgesetzt war allerdings, dass es sich um *nichtentfremdete Arbeit* handelt.[54] In einer *menschlichen* Produktion hätten wir unsere Individualität und Eigentümlichkeit vergegenständlicht und diese im Tun sowie im Produkt genossen. Dabei hätten wir unsere eigenen und die Bedürfnisse anderer befriedigt. Wir würden von den anderen als notwendiger Teil des Gemeinwesens geschätzt und anerkannt. Aber dies ist eben eine Utopie und bezog sich nicht auf die Lohnarbeit unter kapitalistischen Bedingungen. Für den Großteil des heutigen Arbeitens gilt nach wie vor, dass Arbeiten im Dienst der Kapitalverwertung steht, also fremden Interessen dient, und meistens auch nicht schöpferisch, sondern erschöpfend ist.

Seit der protestantischen Ethik wird suggeriert, Arbeiten generell sei Erfüllung oder, in der popularisierten Variante, sie könne Spaß machen. Das ist reine Ideologie. Ich wüsste vergnüglichere Tätigkeiten. Arbeiten ist eine Notwendigkeit im wirtschaftlichen Reproduktionskreislauf, sie hat einen *Zweck* und in sich selbst keinen Sinn.[55] Mit dem Arbeiten kann allerdings ein *Sinn verbunden* werden, nämlich dann, wenn sie einer nachhaltigen und sorgenden Reproduktion der natürlichen, gesellschaftlichen und zwischenmenschlichen Lebensbedingungen dient. Wer in unserer Gesellschaft einer in diesem Sinne sinnvollen Arbeit nachgehen kann, erlebt sie durchaus als eine befriedigende Lebensäußerung. Der Unterschied zwischen der Erschöpfung nach sinnleerer Arbeit und befriedigender Müdigkeit, wenn man etwas als sinnvoll Erachtetes geschafft hat, ist spürbar.

Die andere Seite der Arbeit ist nicht die Freizeit, die in unserer Gesellschaft in erster Linie der Reproduktion der Arbeitskraft dient und mittlerweile der Zweitausbeutung im Konsum. Denn unsere Freizeit ist nicht frei, sondern in den Kapitalverwertungsprozess eingespannt. In der Freizeit gibt es keine Erlösung, nur Zerstreuung. Dass wir nur arbeiten, um *Muße* zu haben, in der die eigentliche Glückseligkeit liege, befand hingegen Aristoteles.[56] Muße ist kein Müßiggang, kein Faulenzen und Zeitvertreiben, sondern der Bereich wahrhaften, ungeschmälerten Menschsein, meinte jedenfalls Josef Piper.[57] Er zeigte, dass Muße jenseits und unabhängig von Arbeit im Kult des Festes fundiert ist. Damit ist Muße die Voraussetzung von Kultur im Sinne der geistig-ästhetischen Hervorbringung unserer Gesellschaft. Muße hat keinen anderen Zweck als sich selbst; sie ist der Zeitraum einer zeitlosen Gegenwärtigkeit, ein schauendes Erkennen und ein Erleben von Verbundensein mit der Welt. Bei Eberhard Straub ist Muße schöpferische Kontemplation unter der Grundbedingung sittlicher Freiheit und in Verantwortung für die Welt,

Anschauung der Wahrheit in einer diskursiven Öffentlichkeit unter Gleichen jenseits des Zweckmäßigen.[58]

Arbeit muss man organisieren; *Muße kann man nur geschehen lassen.* Dafür muss man aufhören können – vor allem mit dem Arbeiten. Wer allerdings loslassen kann, wird in der Muße zu sich, zu anderem und anderen finden und so Momente wirklichen Glücks erleben. In der Muße entwickelt sich der Mensch menschlich; er spürt sich als Teil des Ganzen. Nichtentfremdete Arbeit und Muße stehen in einem Spannungsverhältnis von *vita activa* und *vita contemplativa*, erläuterte Hannah Arendt.[59] Gestaltende, sinnvolle Arbeit und geschehen lassende Erfüllung in der Muße gehören zusammen.

Welches sind dabei die Pole, die die Arbeit und Muße in kreative Spannung versetzen? In Analogie zum systemtheoretischen Verständnis von Kommunikation als Information – Mitteilung – Verstehen haben Hans-Jürgen Arlt und ich versucht, Arbeit und Muße ebenfalls als dreifache Selektion zu bestimmen.[60] Arbeit verweist auf einen *Bedarf,* erzwingt eine *Leistung* und realisiert sich im *Gebrauch.* Für Subsistenzarbeit ist dies unmittelbar einsichtig. Es gilt aber auch für die moderne arbeitsteilige Gesellschaft, obwohl hier die Komponenten unter fremder Herrschaft stehen. Bedarf wird durch Marketing künstlich geschaffen, die Leistung muss unter dem Kommando des Kapitals erbracht werden, und der Gebrauch ist sekundär. Wichtig ist der Verkauf, der den angezielten Mehrwert realisiert. Danach kann die Ware auch gleich auf dem Müll landen, wie es vielfach geschieht.

Muße lässt sich als eine sehr besondere Form der Tätigkeit begreifen, die man paradox als *aktive Passivität* oder *passive Aktivität* beschreiben könnte. Sie hat zur Voraussetzung, dass man den Alltagsstress hinter sich gelassen hat und erfordert die Fähigkeit, loslassen zu können. Erst dadurch bringt man sich in einen Zustand der Empfangsbereitschaft, eine erwartungslose und unangestrengte Offenheit. Man könnte auch von wacher, freischwebender Aufmerksamkeit sprechen. Diese Offenheit macht Einfälle möglich, im Sinne des Wortes, dass etwas in uns hineinfällt. Es kommen einem Gedanken, die vorbeiziehen; es entstehen Ideen, die man nicht erwartet hat und die man möglicherweise später weiterverfolgt. Man befindet sich in einem gelösten Zustand, der für die eigene Entfaltung Freiräume bietet. Wir haben dieses mögliche, nicht herstellbare Ergebnis der Muße deshalb *Bildung* genannt, nicht im Sinne einer Qualifizierung, sondern verstanden als eine umfassende Entwicklung der menschlichen Möglichkeiten. Muße realisiert sich also über die drei Selektionen *loslassen – empfangen – bilden.*

Um die Spannung zu verstehen, die sich über zwei Pole aufbaut und das Leben nährt und kräftigt, müssen wir auf die jeweils zweite Selektion von Arbeit und Muße schauen: *leisten – empfangen.* Wir verstehen dann die Dialektik von Anspannen und Schaffen in schöpferischer Arbeit sowie von Loslassen und Empfangen in der freischwebenden Muße. In sinnvoller Arbeit bereiten wir den Boden, entwickeln unsere Fähigkeiten und Kräfte. In der Muße fahren wir die Ernte ein und realisieren uns als ganzer Mensch. *Vita activa* und *vita contemplativa* sind die nicht trennbaren Seiten gelungenen Lebens. In ihnen realisiert sich der *schöpferische Sinn* der Menschen.

Natur und Kunst

Ich verfüge über den Luxus von zwei Lebensorten. Der eine unter südlichem Himmel, meist blau und sonnig mit Blick auf Berge, Bäume und See. Der andere in einer nördlichen Großstadt mit üblicherweise grauem Himmel und Blick auf eine teilweise schlecht renovierte Häuserfront. Am erstgenannten Ort habe ich diesen Essay geschrieben. Hier bin ich voller Energie mit wachem Geist und Inspiration. In der grauen Großstadt, zumal mit nasskaltem Wind, zieht es sich in mir innerlich zusammen; mein Geist wird dumpfer, das Schreiben wird mechanischer. Das ist kein Wunder, der lebendige, fühlende und denkende Organismus hängt mit allen Sinnen an und in der Natur. Die *Natur* ist kein mir äußerliches Objekt, sondern ein Feld von Kräften und Energien, in das das fühlende Subjekt mit allen seinen Sinnen eingespannt ist. Der Mensch ist Natur, und im Menschen ist die Natur Subjekt geworden. Die Natur, die wir selbst sind, hat Gernot Böhme dies genannt, die wir als Leib sind. Er bestimmt unser Leibsein daher als Aufgabe, weil wir dies im Verlauf der technischen Zivilisation weitgehend verlernt haben.[61] Das Wort Leib ist gleichbedeutend mit Leben (vom mittel- u. althochdeutschen *lip* bzw. *lib*). Unsere leiblich-sinnliche Wahrnehmung verweist auf unsere leibliche Teilhabe am Ganzen der Natur und unsere Verbindung mit der lebendigen Welt. Im sinnlichen Naturerleben fühlt sich das Subjekt als Beteiligter an dieser lebendigen Welt und empfindet Resonanz zwischen Innen und Außen. Diese ökologischen Beziehungen des natürlichen Ganzen verweisen zugleich auf ethische Normen wechselseitig sorgenden Verhaltens.

Die Natur hat ihre eigenen Rhythmen und Ausdrucksformen. Die sinnliche Welt ist der Boden, auf dem wir gehen, die Textur der Dinge, die wir ertasten, die Luft, die wir atmen, die Geräusche und Gerüche, die uns umhüllen, die Geschmäcker, die wir auf der Zunge spüren, und die Welt der Sichtbarkeit, die uns unsere Augen eröffnen. Erst wenn wir mit allen Sinnen in die Welt eintauchen, können wir den Logos der Natur wieder für uns als Lebensmöglichkeit erschließen. Selbst Natur lebt der Mensch in und von der Natur. In seiner »Ästhetik der Natur« hat Martin Seel[62] diesen Zusammenhang mit einer allgemeinen Ethik des guten Lebens aufgezeigt. Der Genuss des Naturschönen ist eine bedeutende exemplarische Lebensmöglichkeit, die als selbstzweckhafte Möglichkeit einen Zeitraum erfüllter Freiheit eröffnet und so konstitutiv für gelingendes menschliches Leben ist. In der Natur können wir zudem Lebensenergien gewahr werden, die uns existenziell tragen. Im Naturerleben tritt die Lebendigkeit der Natur in ein Spannungsverhältnis zum Subjekt, das sich seiner eigenen Lebendigkeit bewusst wird. Der Mensch spürt seine Lebensgeister und gewinnt Abstand zu seinem Alltagsleben, ja zu sich selbst. In diesem Abstand entsteht eine Ruhe und der Mensch fühlt sich als Teil von etwas Größerem, das über ihn hinausgeht. Ich nehme diesen Gedanken im Abschnitt über Daseinsgenuss unten wieder auf.

In der sinnlichen-geistigen Beziehung des Menschen zur Natur geht es um eine einzigartige Form des gelingenden Lebens, die durch nichts anderes zu ersetzen ist. Martin Seel entschlüsselt im ästhetischen Naturerleben drei Erfahrungsdimensionen: Im *korrespondierenden Naturerleben* kann ein Subjekt eine Übereinstimmung zwischen der eigenen Existenzweise und der Natur empfinden. Das Subjekt erfährt Sinn. Im *kontemplativen Naturerleben* geht es um ein sinnliches, aber sinnfreies Genießen als eine Form von unmittelbarem Glück. Im *imaginativen Naturerleben* entwickelt ein Subjekt seine projektive Einbildungskraft, indem es die Natur als Ausdruck spielerischer, quasi künstlerischer Formen betrachtet.[63]

Gelingendes gesellschaftliches – und damit implizit auch individuelles – Leben kann es in voller Form daher nur geben, wenn die Menschheit auf eine ausbeutende Unterwerfung der Natur verzichtet und Lebensformen entwickelt, denen es gelingt, im Einklang mit der Natur zu produzieren und zu konsumieren. Ein ethisches Verhalten gegenüber der Natur bedeutet nicht nur, die Ausbeutung natürlicher Ressourcen technisch schonend zu organisieren, sondern die Natur als ein eigenständiges, selbstzweckhaftes Gegenüber anzuerkennen, mit der wir nicht nur untrennbar verbunden, sondern die wir auch selbst sind.

In der Natur durchströmt den Menschen wunderliches Wohlbehagen trotz all seiner Sorgen. Die Natur spricht – er ist mein Geschöpf, und trotz des bedrängenden Kummers soll er in mir glücklich sein.

Die Natur streckt die Arme aus, den Menschen zu umfangen, wenn nur seine Gedanken von ebensolcher Größe sind.[64]

(Ralph Waldo Emerson)

Aber nicht nur in der Natur können wir Lebendigkeit beobachten und erleben, sondern auch in der *Kunst*. Die Kunst kann historisch wie eine Art Verdoppelung unseres

Lebens betrachtet werden, die davon zeugt, wie wir waren und wie wir aktuell sind. In ihr spiegelt sich vermittelt das Leben der jeweiligen Epoche, in ihr reflektiert sich symbolisch unser Dasein, wobei die Kunst allerdings auch die jeweils kanonisierten gesellschaftlichen Vorstellungen und Normen infrage stellt und mit neuen Formen experimentiert.

In der Kunst kann der Mensch Fremdheit und Alterität erleben; sie spiegelt die Rätselhaftigkeit des Lebens und bringt den Menschen dabei zugleich in einen reflexiven Abstand – auch zu sich selbst. Kunstproduktion, aber auch Kunstrezeption bietet die Möglichkeit der Überschreitung hergebrachter Formen der Existenz und öffnet für Neues, Experimentelles. Der Künstler Thomas Lehnerer erläutert, dass man an gelungenen Werken der Kunst exemplarisch erkennen kann, wie menschliches Leben und menschliche Arbeit verlaufen, wenn sie sich unentfremdet, ohne Zwang und Gewalt realisieren dürfen. Für Lehnerer sind Kunstwerke Reservoir freien Gelingens.[65] Je gelungener, freier und lustvoller man das Spiel der Ästhetik empfindet, desto schöner erscheint es und desto lebendiger erlebt sich der Mensch. Dabei geht es nicht nur um die objektive Gestalt des jeweiligen Kunstwerks, sei es ein Werk der bildenden Kunst oder der Musik, denn im Produktions-, aber auch im Rezeptionsprozess ist das Subjekt mit seiner ganzen Person beteiligt – mit seinem sinnlichen Wahrnehmungsvermögen, seinen Vorlieben, seiner Bildung, seinen Ängsten, seinen Träumen etc. Je stärker Werk und Person resonieren, desto lebendiger ist das Erleben. Auf diese Weise trägt Kunst dazu bei, dass neue Beziehungen entstehen – zu anderen, zur Welt insgesamt, aber auch zu sich selbst.

Kunst ist geradezu ein Paradigma für Alterität und Neuheit und besitzt daher einen das Leben bereichernden Charakter. In der ästhetischen Erfahrung empfindet sich der Mensch auf korrespondierende Weise durch das künstlerische Werk bereichert und der Möglichkeiten gegenwärtig, die das Dasein bietet. Kunst vermag eine Ethik des moralischen Respekts gegenüber Fremdem zu befördern, meint Thomas Rauschenberg.[66] Am Fremden der Kunst kann man den Umgang mit dem Fremden an sich lernen, das grundsätzlich mit dem modernen Leben verbunden ist.

Der Modus künstlerischen Handelns ist experimentell, grenzüberschreitend, innovativ. Künstler sind ständig *auf der Suche nach Neuem*, Unvorhergesehenem, Unerwartetem, Überraschendem, Fremdem; sie sprengen Konventionen, überwinden Vergangenes, nutzen Paradoxien. Dies könnte man als die allgemeine Haltung künstlerischer Produktion beschreiben, die insofern aber auch für jegliches Handeln gelten kann. Mit dieser Haltung begegnen Künstler der Welt, erkunden sie mit ihrer gesteigerten Wahrnehmungsfähigkeit und ihren künstlerischen Mitteln. Dabei geht es um eine umfassende sinnliche Wahrnehmung in einem experimentellen Erfahrungsprozess von Welt.[67]

Beim Kunst*erleben* geht es nicht um die distanzierte Bewunderung kulturell hochstehender ästhetischer Produkte in Museen und Galerien, sondern das reale Kunstwerk besteht aus dem, was das ästhetische Produkt mit und in der Erfahrung des Produzenten und des Rezipienten macht, welche Konsequenzen es für den Menschen in seiner realen Lebenserfahrung hervorruft. Im Kunstgenuss,

z. B. von Beethovens 9. Sinfonie, können wir eine Art Erschütterung erleben, in der sich die Verhärtung der eigenen Identität auflöst und man gewissermaßen im Kunstwerk verschwindet bzw. mit dem Kunstwerk über sich hinauswächst. Dafür ist vom Kunstrezipienten die gleiche offene, neugierige und konzentriert achtsame Haltung vorausgesetzt, die auch den Künstler auszeichnet. So sieht es jedenfalls John Dewey gleich zu Beginn seiner Studie »Kunst als Erfahrung«.[68] Wenn ästhetische Erfahrung gelingt, versetzt sie das Subjekt in einen Zustand erhöhter Vitalität. Die Spannung, die sich im Kunstwerk ausdrückt, vermittelt sich in die Spannung, die das Verhältnis von Subjekt und Welt lebendig macht. Darin besteht der Genuss. In der Beziehung zu Natur und Kunst genießt der Mensch seinen *ästhetischen Sinn.*

Orte und Landschaften

Wir sind immer irgendwo; solange wir leben, können wir nicht nirgendwo sein. Ob der Ort, an dem wir leben, aber der *richtige Lebensort* für uns ist, das ist die Frage. Den richtigen Platz im Leben finden – das kann man metaphorisch, aber auch geografisch verstehen. Der richtige Lebensort ist Kraftort, Ausgangspunkt der Weltbegehung und Weltbegegnung, aber auch Sammlung, Schutz, Rückzugsort vor den Bedrängnissen der Welt. Der richtige Ort ist Zuhause, Heimat und damit Teil unseres Selbst. Sorge um sich heißt deshalb auch, seine *Verortung* ernst zu nehmen und zum Ausgangspunkt des Denkens und Handelns zu machen. Wie wir uns an dem Ort, an dem wir wohnen, empfinden, und wie wir uns an unserem Ort befinden, ist Teil der Selbstverortung. Nach Corine Pelluchon gehört der Ort deshalb zu den Existenzialien des menschlichen Lebens.[69]

Der Ort, an dem wir leben, ist unser Wohnort. Dieser kann im Verlauf eines Lebens häufig wechseln. Unter modernen Lebensbedingungen kann man sich ihn eher selten aussuchen. Es verschlägt uns oft aus beruflichen Zwängen irgendwohin. Wie wir den Ort, an dem wir leben müssen, bewohnen, ist dennoch entscheidend für unser Lebensgefühl. Unser *Wohnort* ist eine Institution, d. h., eine Einrichtung, die wir einrichten und in der wir uns einrichten. Wir bilden Gewohnheiten, gestalten den Ort und geben uns selbst damit Gestalt. *Ort und Selbst stehen in einem Verhältnis wechselseitiger Erzeugung*. Die Dinge, die wir um uns versammeln, machen aus, was wir sind, sagt Corine Pelluchon.[70] Das gilt auch für die Menschen, mit denen wir zusammen wohnen.

Deshalb gibt es auch eine *Ethik des Raumes*, den wir bewohnen und miteinander teilen. Das geht über die eigene Wohnung hinaus, betrifft die Nachbarschaft, sogar das Dorf oder die Stadt, dessen bzw. deren Mitbürger respektive Mitbürgerin wir sind. Wie eine Gesellschaft ihre Orte einrichtet, sagt viel aus darüber, welchen Stellenwert die Menschen haben. Mein Geburtsort hatte über Jahrzehnte das Ziel, zur autogerechten Stadt zu werden. Das nannte man damals modern. Heute modern viele Städte vor sich hin, sind in manchen Regionen vernachlässigt, ausgebrannt; es steckt kein Leben mehr in ihnen. Seit 2019 versucht ein grüner Bürgermeister in meiner Heimat(?)stadt die Innenstadt wieder autofrei für die Menschen zurückzuerobern, zum Teil gegen den Widerstand der Geschäftsleute, die um ihre Geschäfte fürchten. Dass Städte menschengerecht sein sollten, diese Erkenntnis hat sich noch nicht allgemein durchgesetzt. Der Ort, an dem wir leben, muss daher kein Lebensort im erfüllenden Sinne sein. Die Spannung, die sich zwischen Ort und Selbst aufbaut, kann auch eine negative sein, wenn der Ort unmenschlich ist. Wir leiden dann an dem Ort, an dem wir zu leben gezwungen sind. Der Ort ist ein Existenzial, weil das Subjekt in seiner Leiblichkeit Verortung ist. Daher sind es unsere Sinne, die uns am zuverlässigsten spüren lassen, ob wir am richtigen Ort sind. Über das sinnliche Verhältnis zu unserem Lebensort hinaus haben wir zu ihm auch eine ästhetische, ökologische, politische und natürlich auch eine praktisch-instrumentelle Beziehung. Wir stehen mit unserem Lebensort im Dialog. All das gehört zu einer Ethik des Raumes.

Der Ort ist auch ein *Standort*, von dem unsere Aktivitäten ausgehen. Ein Standort ist fixiert, er hat geografische Koordinaten. Er ist eingebettet in eine Landschaft, die sich von dem konkreten Platz aus öffnet. Dies kann auch eine Stadtlandschaft sein. Den geografischen Standort kann man feststellen. Ob er der richtige Lebensort ist, muss man fühlen. Das gleiche gilt für die Landschaft als sich von der eigenen Perspektive aus öffnender Raum. Wenn man mit dem Auto oder dem Zug stundenlang durch eine eintönige Gegend fährt, fühlt man nichts, außer vielleicht Öde und Langeweile. Von unserem ersten Bundeskanzler Konrad Adenauer, der aus dem Rheintal stammte und als junger Mann bereits Mitglied im deutschen Reichstag gewesen ist, wird erzählt, dass er zwischen der Porta Westfalica und

Berlin immer die Vorhänge seines Zugabteils zugezogen hätte, weil es nichts zu sehen gegeben hätte außer platter Gegend.

Landschaft erheischt Abwechslung, differenzierbare Elemente, zwischen denen der Blick schweifen kann, z. B., wenn man einer Straße in einem Flusstal folgt, das vielleicht durch Hügel oder kleine Berge gerahmt ist. Das Subjekt steht nicht vor einer Landschaft wie vor einem Bild; es ist dessen Teil. Landschaft hat eine subjektive, eine sinnliche Dimension. Landschaften bestehen auch aus Sehnsüchten. Deshalb kann es für ein Subjekt Orte und Landschaften geben, in denen es ein besonderes Glück erfährt, die in einem besonderen Maße zum eigenen Selbst passen. Orte und Landschaften wirken auf die Stimmung des Subjektes, aber das Subjekt nimmt sie auch – je nach eigener Stimmung – unterschiedlich wahr. Landschaft wechselt mit dem Befinden und der Perspektive des Subjektes, aber auch mit den Lichtverhältnissen, den Geräuschen und dem Wetter. *Ohne die fünf Sinne des Subjektes gibt es keine Landschaft.* Ob wir am für uns richtigen Ort auf die für uns richtige Art und Weise wohnen, ist ein nicht zu unterschätzender Faktor dafür, dass wir den richtigen Platz im Leben gefunden haben.

Auch für François Jullien ist nicht jede geografische Gegend eine Landschaft. Von ihr hat er eine emphatische Vorstellung, der er ein ganzes Buch seiner Philosophie des Lebens gewidmet hat – vielleicht sein poetischstes.[71] Für ihn ist Landschaft ein wechselhaftes Spiel von Elementen – Bergen, Gewässern, Flüssen, Seen, Luft, Licht etc. – in einem Beziehungsgeflecht, das durch die Spannung, die zwischen den Elementen entsteht, unsere Lebensgeister aktiviert und in uns ein Gefühl des Einvernehmens hervorruft. Für Jullien steht Landschaft ebenfalls immer in Beziehung zu einem Subjekt und ist daher eine bedeutende Ressource, die sein Leben nährt. Um Landschaft zu (er-) leben ist es deshalb erforderlich, dass das Subjekt von sich Abstand nimmt, die Verhärtungen des Alltagslebens loslässt, sich auf das Spiel der Elemente der Landschaft einlässt, sich empfänglich macht, sich von der Landschaft durchziehen, absorbieren, überwältigen lässt.[72]

Wir haben es hier, was die Frage der Vitalisierung des Lebens durch Orte und Landschaften betrifft, mit *vier Spannungsfeldern* zu tun, die wiederum miteinander in Spannung stehen. Orte stehen in ihrer positiven oder negativen Qualität in Spannung zu den Möglichkeiten des Subjektes, sich in ihnen lebendig zu erleben. Landschaft selbst besteht im Unterschied zu geografischen Gegenden aus einem vitalen Spannungsfeld abwechslungsreicher Elemente. Diese wiederum steht in einer Spannung zum Subjekt, das sich von dem Spannungsfeld der Landschaft durchziehen lässt. Schließlich stehen die Lebensorte des Menschen in einer Spannung zu der Landschaft, in die sie eingebettet sind. Aus allem resultiert im positiven Fall eine Freude an der Welt, eine Vitalisierung und ein sinnlicher Genuss des Lebens. Dann ist der Mensch in *seinem* Element und schöpft Energie! Am richtigen Lebensort in der passenden Landschaft erlebt der Mensch die Lebendigkeit der Welt als Ganze, ein Einvernehmen mit der Natur. Er empfindet auf leibliche Art, wirklich da zu sein, aber auch ein Über-Sich-Hinausgehen, eine Befreiung von sich selbst, eine Transzendenz, die dennoch an seine sinnliche Präsenz gebunden bleibt. Im Bezug zu Orten und Landschaften erlebt der Mensch *Verortungssinn*.

Sich einem Lande verbunden zu fühlen, einige Menschen zu lieben und zu wissen, dass es einen Ort gibt, wo das Herz seinen Frieden findet – lauter Gewissheiten, die viel für das Leben eines Menschen bedeuten, obschon man sich damit zweifellos nicht begnügen kann. Und doch sehnt sich der Mensch zu gewissen Zeiten mit allen Fibern nach dieser Heimat seiner Seele.[73]

(Albert Camus)

Immanenz und Transzendenz

Carpe diem heißt der mittlerweile kaum noch erträgliche Sinnspruch des römischen Dichters Horaz (65 – 8 v. u. Z.), seit er die Werbung für ein fermentiertes Teegetränk auf dem Gesundheitsmarkt erreicht hat. *Carpe diem* bedeutet wörtlich *Pflücke oder ergreife den Tag* und soll daran erinnern, dass wir nur im Hier und Jetzt unser Leben leben und genießen können – nicht in einer erhofften Zukunft und nicht in einer idealisierten Vergangenheit. Für alle, die auf kein religiöses Jenseits vertrauen, ist die Gegenwart der einzige Ort möglichen Glücks. Das sah auch der griechische Philosoph Epikur (341–270 v. u. Z.) so, auf dessen Lehre der Sinnspruch von Horaz anspielt. Erfüllung findet man nur im Diesseits, denn da die Seele nicht ewig ist, löst sie sich mit dem Tod auf, der uns aus diesem Grund auch nichts angeht. Leben können wir nur in der Gegenwart; es ist der Augenblick, der zählt.

Für nicht-gläubige Menschen ist heute unstrittig, dass wir auf kein Jenseits hoffen können. Wir haben nur das eine Leben. Wir können es nur *immanent* im Diesseits leben. Was wir versäumen, können wir in keiner anderen Welt nachholen. Wir sind immer hier, und wir sind immer jetzt, können nie im früher oder später sein. Vergangenheit ist gegenwärtige Vergangenheit, Zukunft ist gegenwärtige Zukunft. Beide verändern sich auf der Zeitachse, auf der das Hier und Jetzt im Verlauf unseres Älterwerdens mitwandert. Wenn wir nicht mehr im Hier und Jetzt sind, sind wir gar nicht mehr. Dennoch suchen Menschen nach einem Anderswo oder einem späteren Leben, nach etwas, das über sie hinausragt. Zum Menschen gehört das Bedürfnis nach *Transzendenz*; Menschen brauchen *spirituelle Nahrung*. Gläubige haben es leicht; ihnen winkt der Himmel bzw. das Paradies. Dumm ist allerdings, dass, wenn es schiefläuft, die Hölle droht. Deshalb trainieren viele schon im Diesseits, indem sie sich wechselseitig das Leben zur Hölle machen. Woher aber sollen Nichtgläubige ihre Transzendenz beziehen? Für sie gibt es kein Jenseits; sie können Transzendenz nur in der Immanenz suchen. Welche Transzendenz, welches Über-sich-Hinaus können sie finden?

Ein moderner Vertreter für ein genießendes, sinnliches und rein diesseitiges Leben war Albert Camus. Viele kennen ihn nur als den Philosophen des Absurden mit seinem Essay »Der Mythos von Sisyphos«.[74] Diese einseitige Einschätzung von Camus ist allerdings falsch, denn die Kehrseite der Erfahrung des Absurden ist bei Camus eine unbändige Lebenslust der Diesseitigkeit, die sich nicht auf ein Später vertrösten lässt. Dem *Absurden* begegnet man allenthalben in der Moderne auf Schritt und Tritt. Es ist das Gefühl der Fremdheit, das den Menschen überkommt, wenn er sich einer Welt ausgesetzt sieht, die in ihrem

Phantasma der instrumentellen Beherrschung und totalen Machbarkeit jegliches natürliche Maß verloren hat – eine Welt, in der der vereinzelte Einzelne nur noch Rädchen in der Maschine der totalen Verwertung ist. Das Absurde könnte daher sogar als ein Existenzial der Moderne gelten.

Camus erlebte, aus Algerien kommend, seine Form der *Transzendenz*; er fand sie in der Welt der Länder des Mittelmeeres, mit ihrem besonderen Licht, ihrer Sonne, ihrem Himmel – eine Welt, in der er seine Sorgen und Probleme, die mit seinem Leben in Paris verbunden waren, vergessen konnte. Die *Wahrheit der Welt* lag für Camus in der Schönheit und den Freuden, in den Farben und dem Licht – in einem Denken und Begreifen, das nicht vom Empfinden und Genießen getrennt ist: eine Eroberung des alltäglichen Glücks. Es ging ihm um eine diesseitige Lebensintensität, die konkreter ist als alle transzendenten Sinnversprechen, seien sie religiöser oder politischer Art. Sein Gegenmittel gegen das Absurde war daher etwas, was er als *mittelmeerisches Denken*, als Sonnendenken und manchmal auch als griechisches Denken bezeichnete.[75] Damit ist ein Leben nach menschlichem Maß gemeint, in einer Welt, die dem Menschen entgegenkommt. Das mittelmeerische Denken vermeidet die Extreme bzw. versucht, sie produktiv in Spannung zu halten. Es vertraut sich dem Diesseits an, achtet die äußere und die innere Natur und versucht, in ihrer Koexistenz zu leben. Da die Welt keinen höheren Sinn hat, geht es Camus um die diesseitige, lebendige Transzendenz, die die Schönheit verheißt. Leben bestand für ihn darin, dass man sich der Zeit und dem Werden sowie der Würde des Lebendigen anvertraut. Die mittelmeerische Welt des Lichts blieb lebenslang seine Liebe und seine Sehnsucht. Durch sie erwachte für Camus eine Freude, die zu leben und zu sterben hilft. Lebensintensität war für ihn wichtiger als jenseitige Sinnversprechen. Dennoch darf man Camus nicht als reinen Genussmensch missverstehen. Sein Leben war auch grundiert, durch sein Eintreten für die Gerechtigkeit, z. B. in der französischen Resistance gegen die Okkupation des deutschen Nationalsozialismus. Die Bedeutung, die die Gerechtigkeit für sein Leben hat, hat er auch in dem kleinen biografischen Essay »Licht und Schatten« herausgestellt, wobei er demütig genug war einzugestehen, dass er dem eigenen Anspruch nicht immer gerecht wurde.[76]

Manche sehen in ihren Kindern eine Art Transzendierung (Überschreitung) ihres individuellen Lebens. Das ist nicht falsch, wenn es in der Verantwortung für die Welt geschieht, die wir den nach uns kommenden Generationen hinterlassen. Viktor E. Frankl sieht ein Jenseits des eigenen Lebens in dem Werk, das wir schaffen und das bleibt, oder in der Aufgabe, die wir übernehmen und die etwas Sinnvolles leistet.[77] Es ist zutiefst menschlich, dass wir uns nach etwas sehnen, das über unser individuelles Leben hinausgeht und diesem eine Art Tiefe verleiht und einen Sinn gibt. Eine Transzendenz im Hier und Jetzt zielt nicht auf etwas Übersinnliches, sondern verbleibt im Leben. Eine *Transzendenz in der Immanenz* ist ein Selbstverhältnis des Subjekts, das es mit anderen und anderem verbindet.

Das andere muss kein metaphysisches sein, sondern kann im Sinnlich-Physischen verbleiben. Wie man sich das vorstellen kann, wurde bei der Diskussion der Bedeutung von Landschaft schon angedeutet. François

Jullien führt das an verschiedenen Stellen aus.[78] Im Erleben von Natur und Landschaft durch einen Menschen entsteht eine spannungsreiche Verbindung zwischen den Elementen und den sinnlichen Empfindungen des Subjekts, die dazu angetan ist, den Menschen über sich hinauszuführen und eine Art ganzheitliches Welterlebnis zu induzieren, das über rationale Erklärungen hinaus geht. Naturerleben kann durchaus den Charakter einer *Offenbarung* gewinnen, dass es mehr gibt als das alltägliche Streben und Trachten. Das ist ein Topos, der aus der Romantik bekannt ist. Das gilt allerdings auch ohne den religiösen Unterton, den manche Romantiker in ihrem späteren Leben angeschlagen haben. Die Landschaft kann ein Ort der subjektiven Ausweitung, ein Über-das-Alltägliche-Hinausgehen sein, eine Öffnung zum Unendlichen im Rahmen des Endlichen, schreibt Jullien.[79] Diese Transzendenz eröffnet dem Subjekt ein *Gefühl des Unerschöpflichen*, dass es einen Überschuss gibt in dieser Welt und nicht alles wissenschaftlich erklärt werden kann und muss. Es gibt eine Transzendenz in der Immanenz, die im sinnlichen Erleben spürbar wird. Diese Transgression, dieses Sich-immer-wieder-Überschreiten, wurde im ersten Kapitel bereits als ein Kennzeichen und eine Eigenschaft des Lebens an sich erläutert.

Corine Pelluchon macht einen weiteren Vorschlag für die Möglichkeit eines Transzendenzerlebens in der Diesseitigkeit. Sie nennt diese Transzendenz in der Immanenz *Transdeszendenz*.[80] Trans bedeutet über, hinüber, jenseits; und Deszendenz heißt Verwandtschaft. Transdeszendenz ist daher ein Selbstverhältnis, das von unserer Zugehörigkeit zur Schicksalsgemeinschaft mit der ganzen lebendigen Welt zeugt. Wir sind Teil einer gemeinsamen Welt, die die gesamte Natur, alle Lebewesen und sogar vorangegangene und spätere Generationen umfasst. Unser Wort Vernunft kommt von vernehmen, und manchmal können wir diese Zugehörigkeit spüren – in bestimmten Situationen, z. B. in der Natur oder der Kunst, oder besonderen Begegnungen mit Menschen, aber auch mit Tieren. Wir erleben dann etwas für unseren Verstand Unfassbares, aber trotzdem Reales, eine Fülle, einen Einklang mit etwas Universellem – wir erleben etwas, das wir mangels besserer Begriffe *Sinn* nennen. Es ist unmöglich, diese Totalität rational zu erfassen. Hier fehlen die Worte. Weil wir aber Teil des Ganzen sind, können wir es erspüren. Spiritualität ist keine Abkehr von der Welt, sondern eine Hinwendung zum einheitlichen Sein, denn das Universum ist ein Ganzes. Materie und Geist sind eins. Von der Entstehung des Universums im Big Bang bis zum Erscheinen des Menschen handelt es sich um einen einheitlichen Prozess. Tote Materie gibt es nicht; alles ist von *Lebenskraft* durchzogen, sagt Tu Weiming.[81] Als in Harward lehrender chinesischer Philosoph nennt er dies *qi* (gesprochen Schi). In Transzendenzerfahrungen befriedigen die Menschen ihren *spirituellen Sinn*.

Dem Leben Sinn verleihen

Mit dem *Transzendenzbedürfnis*, also dem Wunsch, an etwas teilzuhaben, das über das individuelle Leben hinausgeht, was zum Menschsein untrennbar dazugehört, haben wir die damit zusammenhängende Sinnfrage erreicht. Der Mensch ist Teil der Natur und bleibt an deren Kreisläufe rückgekoppelt, was immer er auch unternimmt, um sich von seinem nährenden Boden abzukoppeln. Der Mensch ist ein Naturprodukt, das im Laufe seiner Geschichte über dieses weit hinausgewachsen ist. Insofern ist auch die kulturelle Entwicklung bereits eine Form der Transzendenz, nicht immer zum Vorteil, wenn unsere Naturhaftigkeit, unsere Bindung an den Humus allein schon durch unsere Ernährung dabei aus dem Blick gerät. Wir haben nur dieses Leben als Einzelne und als Gattung. Von daher können wir Sinn auch nur in diesem Leben finden – oder besser *erfinden*, denn Sinn müssen wir individuell erschaffen. Er ist nicht im Himmel und fällt auch nicht von diesem; er ist irdisch, so wie wir.

Bereits unsere Sprache verweist auf die Bedeutungen, die wir der Welt verleihen. Sprache, Denken und Handeln entstehen und funktionieren in isomorpher Struktur, d. h., sie sind strukturell von gleicher Gestalt. Das bedeutet, dass unsere Denk- und Handlungsfähigkeit mit unserer Sprachfähigkeit korrespondiert – je elaborierter die Sprache, desto differenzierter das Denken und desto größer der praktische Weltkontakt. Auf der anderen Seite schränkt unsere Sprache auch ein, wie wir die Welt erleben – nämlich so, wie sie in unseren Sprachformen und Wortbedeutungen bereits voreingestellt ist.

Ein unvermittelter Weltzugang ist dann nur noch äußerst schwer wieder zurückzugewinnen. Hierzu weiter unten der Abschnitt Daseinsgenuss. Unser Bewusstsein und unser Denken sind nicht isoliert in unserem Kopf, sondern werden immer wieder in der tätigen Auseinandersetzung mit der sinnlichen und von uns ggf. als sinnvoll interpretierten Welt hervorgerufen und aktualisiert. Deshalb müssen wir die Verbindung zwischen der äußeren, sinnlich wahrgenommenen Welt und unserer inneren, als sinnvoll interpretierten Welt erkennen und verstehen lernen. In der Auseinandersetzung mit der sinnlichen Welt Sinn zu schaffen, ist unsere Aufgabe. Den Sinn *des* Lebens zu suchen, nützt nichts, denn es gibt nichts zu finden, was irgendwo vergraben läge wie ein Schatz. Sinn müssen wir in unserem Leben selbst herstellen – jede und jeder Einzelne immer wieder neu – er ist unser Produkt.

Dabei gilt es zu berücksichtigen, dass wir in Europa in der kulturellen Tradition der drei monotheistischen Weltreligionen leben. Im Judentum, Christentum und auch im Islam, die alle drei in ihren Ursprüngen zusammenhängen und eng verwandt sind, glauben die Menschen, dass ihr Gott sich ihnen offenbart, mehr noch, dass sie eine himmlische, sogar eine frohe Botschaft (Evangelium) erhalten. Zwar ist der religiöse Bezug durch historische Säkularisierungsprozesse bei den meisten Menschen weitgehend verlorengegangen, allein – die Erwartung, durch eine wie auch immer geartete Bedeutung oder Sinnbotschaft angesprochen zu werden, ist damit noch nicht verschwunden. Die Sehnsucht bleibt; dafür spricht das Wachstum fernöstlicher Spiritualitätsimporte im Westen sowie die anhaltende Konjunktur esoterischer Wohlfühlmassagen in allen möglichen Sektengemeinschaften, auch in katholischen und protestantischen.

Diese Sehnsucht drückt sich heute auch durch die verbreitete Suche nach dem Sinn *des* Lebens aus oder darin, dass die Natur uns etwas zu sagen hat, was wir selbst nicht mehr wissen. Ganz falsch ist Letzteres nicht. Unstrittig ist dabei, dass die Menschen den Bezug zu ihrem eigenen Natursein zurückgewinnen müssen, wenn sie überleben wollen, denn weitere Naturzerstörung gefährdet ihre Existenz. Dies ist gewissermaßen ein modernisierter Spinozismus, hatte doch Spinoza (1632–1677) Gott mit der Natur gleichgesetzt. *Deus sive natura* – Gott oder auch die Natur war seine Doktrin.[82] Für diese Lehre, die Gott mit der Natur gleichsetzte, nahm Spinoza Verbannung und Flucht in Kauf. In unserem Naturbezug können wir in der Tat noch heute von ihm lernen – allerdings ohne einen Gott zu unterstellen.

Die Natur hat keinen Sinn und auch keine Botschaft für uns – schon gar keine göttliche. Sie ist das zufällige und sich ständig wandelnde Ergebnis eines ungesteuerten Evolutionsprozesses. In der Natur sind die Menschen die einzigen Lebewesen, die sich überhaupt die Sinnfrage stellen können, weil sie aufgrund ihres reflexiven Bewusstseins einen gedanklichen Abstand zu sich selbst herstellen können. Tiere und Pflanzen fragen nicht nach dem Sinn; sie leben und sterben einfach. Mit der Sinnfrage sind wir Menschen auf uns allein gestellt und allein gelassen. Es hilft uns keine höhere Instanz, und es gibt auch kein Jenseits oder Anderswo, von dem wir eine Antwort erwarten können. Es gibt keine *Hinterwelt*; an die glauben heute nur noch Hinterweltler. Wenn diese also glauben, eine göttliche Botschaft zu erhalten oder einen Sinn aus der Natur herauslesen zu können, dann haben sie sie bzw. ihn zuvor hineingelegt. Es ist ihre eigene Botschaft, ihr eigener Sinn, der ihnen entgegenkommt. Wie wir in den Wald rufen, schallt es heraus, sagt schon das Sprichwort.

In der Welt seiend, sind wir verurteilt zum Sinn, schreibt Maurice Merleau-Ponty.[83] Mit jedem Sinn, den sich ein Mensch schafft, eröffnet er sich Veränderungs- und Entwicklungspotenziale der eigenen Person. Sinn steckt nicht im *Dass* des Lebens, sondern im *Wie* des individuellen Lebens. Sinn ist eine Frage des *Lebensstils* – wusste der Individualpsychologe Alfred Adler.[84] Jeder Mensch schafft sich durch seine Wahrnehmungen und Interpretationen der Welt eine implizite oder explizite Sinnstruktur, die sich in allen seinen Handlungen, Vorstellungen, Gefühlen, Fantasien und Beziehungen ausdrückt. Dabei war Adler der Meinung, dass nur derjenige ein sinnvolles Leben führen könnte, der fest an die Gemeinschaft angeschlossen ist und ein entsprechendes Gemeinschaftsgefühl entwickelt hat.[85]

Bevor ich auf die Frage eingehe, wie es gelingen kann, dem eigenen Leben einen Sinn zu *geben*, soll geklärt werden, was mit dem Sinnkonzept überhaupt gefasst wird, denn der Gebrauch des Wortes Sinn ist schillernd.

Der Sinn von Sinn

Der Duden definiert *Sinn* in fünf Bedeutungen: 1. als Wahrnehmungsfähigkeit, die in einem Sinnesorgan sitzt, 2. als Gefühl oder Verständnis für etwas, 3 als jemandes Gedanken, seine Denkungs- bzw. Sinnesart,

4. als Bedeutungsgehalt und 5. als Ziel oder Zweck. Das Wort Sinn taucht also in mindestens fünf Verwendungszusammenhängen auf – vermutlich sind es noch mehr. Wenn es in diesem Essay um Sinn (und nicht um die Sinne) geht, beziehe ich mich allerdings ausschließlich auf die Bedeutung Ziel und Zweck des Lebens.

Der Mensch ist das einzige Wesen, das die Frage nach dem Sinn der eigenen Existenz stellen kann. Explizit taucht die Frage erstmalig in der zweiten Hälfte des 19. Jahrhunderts auf. Darauf hat Jean Grondin mit Bezug auf Volker Gerhardt hingewiesen.[86] Zuvor dachten die Philosophen und Theologen die menschliche Existenz unter dem griechischen Begriff des *telos* (lat. *finis*), was den festgelegten inneren Zweck bezeichnete, den das Leben hätte und zu dem hin es sich aus sich selbst heraus entwickeln würde. Im christlichen Verständnis lag dieser Zweck in Gott. Es soll Nietzsche, der auch den Tod Gottes proklamierte, gewesen sein, der die Formulierung vom Sinn des Lebens das erste Mal verwendet hat. Die Sinnfrage ist also eine moderne Angelegenheit, die erst auftauchte, nachdem das Leben in festen und fraglosen Traditionen sich aufgelöst hatte und die Individuen auf sich selbst zurückgeworfen waren. Ab diesem Zeitpunkt ist die Frage nach dem Sinn des Lebens allerdings nicht mehr abweisbar, denn wenn es kein ewiges Leben nach dem Tod gibt, muss man sich zwangsläufig auf das diesseitige konzentrieren.

Ich gehe davon aus, dass das Leben ein Zufallsprodukt der naturgeschichtlichen Evolution ist, die auch ihrerseits keiner inhärenten *Teleologie* (vorherbestimmten Zielgerichtetheit) folgt. Die gesamte Natur ist ein ökologischer *Funktionszusammenhang*, in dem die einzelnen

Teile sich selbst erhaltend ineinandergreifen und auf diese Weise das Ganze reproduzieren. Einen Sinn im Sinne einer übergeordneten Bedeutung hat das Ganze nicht, nur Funktionszusammenhänge. Im Angesicht der Schönheit und der Ordnung des Kosmos kann man durchaus ins Staunen geraten, dem aber einen Sinn unterzuschieben, ist reine Metaphysik. Die Natur oder das Leben haben also keinen Sinn, noch nicht einmal eine Bedeutung. Letztere kann aus Naturerscheinungen nur aus der Logik menschlicher Tätigkeiten herausgelesen werden. Regen ist Regen und sonst nichts; für den Bauern und seine Ernte kann er aber eine wichtige Bedeutung haben.

Etwas anders steht es um menschliche *Artefakte* inklusive der menschlichen Sprache. Auch sie haben keinen Sinn, allerdings haben sie eine *Bedeutung*. Die Wörter einer Sprache deuten auf etwas außerhalb ihrer selbst hin. Sie be-deuten etwas, d. h. sie deuten auf etwas hin, aber der Zusammenhang zwischen den Sachverhalten und Gegenständen und den Bezeichnungen ist künstlich, allerdings jeweils kulturell verallgemeinert, sonst könnte man sich nicht verständlich machen. Alle Wörter einer Sprache bilden ein in sich geschlossenes, kreisförmiges System, was schnell durch einen Blick in ein beliebiges Wörterbuch verifiziert werden kann. Wörter werden durch andere Wörter erklärt, die auch wieder durch Wörter erklärt werden usw.; es gibt kein Außen. Auch produzierte Gegenstände oder technische Verfahren haben keinen Sinn, jedoch eine Bedeutung, und zwar diejenige, die durch die Herstellung in sie hineingelegt wurde. Es geht um ein Um-zu-Verhältnis. Ein Stuhl ist zum Sitzen, weil er dafür gebaut wurde. Solche *Gegenstandsbedeutungen* haben allerdings eine gewisse Bedeutungsvarianz. Ein Stuhl kann neben der üblichen Verwendung als Sitzelement in einer Wirtshausschlägerei durchaus auch als Schlagwerkzeug genutzt werden.

Der in diesem Essay gemeinte *Sinn* ist immer ein *subjektives Konstrukt zur Selbstverständigung und zur intersubjektiven Kommunikation*. Obwohl subjektiv ist dieser Sinn nicht solipsistisch, d. h., nicht ausschließlich auf das eigene Bewusstsein bezogen. *Menschengemachter Sinn ist Beziehungssinn*, Ergebnis einer Beziehung zwischen einem Subjekt und der Wirklichkeit, zumindest in der Weise, wie diese vom Subjekt wahrgenommen und interpretiert wird. Die anderen und das andere sind für den Sinn konstitutiv. Wie Terry Eagleton erläutert, geht es bei der Frage nach dem Sinn um die Bedeutung des individuellen Ich-Seins im je eigenen Leben.[87] Sinnfragen tauchen für die Einzelnen immer dann auf, wenn ihre Praxis problematisch geworden ist. Das ist insbesondere dann der Fall, wenn in gesellschaftlichen Krisensituationen moralische Orientierungen insgesamt fragwürdig geworden sind. Wie Eagleton weiter ausführt, ist das Gefühl von Sinnlosigkeit der Ausdruck dafür, dass es im eigenen Leben an Bedeutung mangelt, an einem substanziellen Ziel, an erlebter Qualität, an etwas, wofür es sich zu leben lohnt.[88] Wenn man ein Warum im Leben hat, ertrage man fast jedes Wie, meinte schon Friedrich Nietzsche.[89]

Um das in diesem Essay verwendete Sinnkonzept zusammenzufassen, könnte man sagen: *Sinn* ist eine lebensdienliche Konstruktion, mit der Subjekte ihrem Erleben eine Ordnung geben, um die Unsicherheit und Komplexität ihrer Umwelt auf ein zuträgliches Maß zu reduzieren und sich handlungsfähig zu halten. Weil die Welt und die Umwelt der Einzelnen in einem stetigen Wandel begriffen sind, ist jedes Sinnkonzept vorübergehend. Sinngebung im eigenen Leben ist daher ein unabschließbarer Prozess, der immer wieder zu erneuten Reflexionen über sich selbst und die Welt herausfordert.

Sinnlichkeit und Sinn

Wenn wir uns auf eine jenseitige Transzendenz nicht verlassen können, uns also kein Sinn aus einer anderen Welt offenbart wird, dann müssen wir uns in unserer diesseitigen, realen, sinnlich-geistigen Welt einen eigenen Sinn geben – wir brauchen *Eigensinn*. Mit anderen Worten: Wir sind für unseren Sinn selbst verantwortlich. Das verweist auf den nicht nur sprachlichen Zusammenhang von Sinnlichkeit und Sinn. Dass etwas oder sogar das eigene Leben sinnvoll ist, muss man fühlen. Sich die Welt nur rational zu erklären, führt nicht zum Sinn*erleben*. Nur wenn der Sinn gefühlt ins eigene Leben integriert ist, also bereits auf der basalen Ebene sinnlicher Existenz vor dem Ich-denke, kann der Sinn ein Leben tragen. Erkenntnis ist wichtig, aber allein nicht hinreichend.

Wir erfahren die Welt in erster Linie nicht über den abstrakten Verstand, sondern als fühlender Leib. Über unsere Sinne sind wir mit der Welt verbunden und bewegen uns tätig in ihren wechselseitigen Bezügen. Im Netz des Lebens haben alle organischen und alle nicht organischen Bestandteile füreinander eine erhaltende Funktion. Nichts kann für sich allein existieren; die Beziehungen der

Lebewesen untereinander schaffen ein lebendiges Ganzes, dessen Beteiligte auch wir Menschen sind. In dieses Beziehungsnetz sind die Menschen qua ihrer sinnlichen Natur eingewoben, und hier ist auch die individuelle Sinnhaftigkeit der Einzelnen verankert. Menschlicher Sinn ist daher grundsätzlich Beziehungssinn! Die Trennung von Sinnlichkeit und Sinn ist ebenso falsch wie die Trennung von Welt und Mensch oder von Körper und Geist respektive Leib und Seele.

Viele Menschen scheinen unter der Sinnlosigkeit ihres Lebens zu leiden. In der Moderne ist das ein so offensichtliches Problem, dass der Wiener Arzt und Psychotherapeut Viktor E. Frankl auf der Sinnfindung seine psychologische Logotherapie aufgebaut hat.[90] Bei allem soziologischen Verständnis für die Entfremdungserfahrungen der Moderne und bei allem psychologischen Verständnis für den besonderen Einzelfall des Lebens in unserer kapitalistischen Gesellschaft, die nur Arbeit und Fortschritt als zentrales Sinnangebot im Portfolio hat, bin ich dennoch der Ansicht, dass die Sinnmöglichkeiten auch heute noch fast so unendlich sind wie das Leben selbst. Man muss die Herausforderung allerdings annehmen, ohne auf eine göttliche oder sonstige Offenbarung zu warten.

Unsere sinntragende Sprache verweist auf die Bedeutungen, die die Welt für uns hat. In der sinnlichen Wahrnehmung erlebt sich das Subjekt als Teilhaber und Beteiligter einer lebendigen Welt und empfindet die Resonanz in der Natur, in der Kultur, mit Menschen und anderen Lebewesen. Wenn wir (wieder) lernen, im Einklang mit unseren Sinnen zu denken, quasi den vielen Bedeutungen der Welt für uns *nachzusinnen*, dann können wir den Sinn, den wir suchen, in der Auseinandersetzung mit der lebendigen Welt um uns erschaffen. Der Anthropologe und Philosoph Davis Abram kann deshalb schreiben, dass eine menschliche Gemeinschaft, die eine sinnlich-sinnvolle Beziehung zur ihrer Erde unterhält, in der Wahrheit lebt. [91]

Edward O. Wilson beantwortet seine Frage nach dem Sinn des menschlichen Lebens naturwissenschaftlich aus der Sicht des Evolutionsbiologen.[92] Weil wir Menschen auf Grund der naturgeschichtlichen Entwicklung die einzige entstandene Art sind, die in der Lage ist, die Wirklichkeit der lebenden Welt zu begreifen, die Schönheit der Natur zu sehen, den Wert des Individuums zu erfassen sowie Mitleid für unsere Gattung zu empfinden, ist es unsere Pflicht, unsere Anteilnahme auf die gesamte lebendige Welt, die uns hervorgebracht hat, auszudehnen. Weil wir in der Lage sind, den existenziellen Zusammenhang allen Lebens zu erkennen, liegt der Sinn des menschlichen Lebens seiner Ansicht nach in der Erhaltung des gesamten Lebensnetzes. Insofern ist dies die ethische Pflicht der menschlichen Gemeinschaft als Ganzer wie jedes und jeder Einzelnen als deren Teil.

Bereits das Wort Sinn verweist einerseits auf unsere Sinne, mittels derer wir die Welt erleben, und andererseits auf den Sinn, dem wir diesem Erleben mittels unseres Verstandes geben. Über die Sinne werden Umweltreize in elektro-chemischer Vermittlung an unser Gehirn gesendet, die dem lebendigen Organismus Orientierung und Verhaltensregulierung hinsichtlich förderlicher und hinderlicher Umweltbedingungen ermöglichen. Über die Sinne erschließt sich auch der Mensch die Bedeutungen, die die Umwelt für ihn hat. Einen Lebenssinn zu suchen, ohne die sinnliche Verbindung mit der Welt zu dessen Grundlage zu machen, kann nur auf ein abstraktes, metaphysisches Gleis führen.

Deshalb kann man mit Maurice Merleau-Ponty, Alfred Adler oder Viktor E. Frankl das individuelle menschliche Leben als strukturiert durch die Suche nach Sinn verstehen. Jede menschliche Einzelexistenz wäre dann, wenn sie gelingt, eine Neuinterpretation und Neukreation von Sinn. Der Arzt und Psychologe Gerhard Danzer meint, dass geistige und körperliche Gesundheit mit der Verwirklichung eines Sinns im Leben zusammenhängen.[93] Danzer geht in Auseinandersetzung mit Merleau-Ponty davon aus, dass der menschliche Leib das Fundament aller Sinnsuche ist. Unser Leib fühlt, empfindet und nimmt wahr, noch bevor unser Bewusstsein etwas denkt. Der *Leib* sei unser wahres und eigentliches Selbst, *unsere große Vernunft*, und unser Geist nur die kleine, meinte schon Friedrich Nietzsche.[94] Unser Leib und unsere Sinne dienen daher bei jeglicher Sinnsuche als Ausgangsbasis. Auf leiblichem Erleben bauen wir unsere Interpretationen der Welt auf. Nur wenn wir unseren Leib als Voraussetzung und Vollzugsorgan unserer Existenz ernst nehmen, können wir relevante Erkenntnisse über unser Leben und die Welt erreichen, auf deren Basis wir für uns einen tragfähigen Lebenssinn schaffen können.

Sinn erscheint in Mustern

Sinn entsteht in *Zusammenhängen*, betont Wilhelm Schmid.[95] Sinn entsteht in der reflektierenden Auseinandersetzung mit der Welt: in den liebenden und freundschaftlichen Beziehungen mit anderen, in der schöpferischen Arbeit, in der gelassenen Muße, im Erleben der Natur, in der Auseinandersetzung mit Kultur und Kunst, im Verstehen der Geschichte – auch der eigenen – sowie in vielem anderen. Man könnte die Welt geradezu in *Sinnbezirke* einteilen, die sich untereinander bedingen und beeinflussen. Einige wurden im zweiten Kapitel dieses Essays behandelt.

Man kann einen Sinn darin sehen, sich für den Erhalt des Lebens auf unserem Planeten einzusetzen, wie Edward O. Wilson es vorschlägt und wie viele Menschen es tun, die sich in den unterschiedlichsten Naturschutz- und Menschenrechtsorganisationen engagieren. Man kann Sinn darin sehen, politisch für eine bessere Welt zu kämpfen. Man kann auch die im vorherigen Kapitel behandelten Aspekte eines genussvollen Lebens als *Sinnressourcen* nutzen. Das geht mit allen behandelten und vielen hier nicht diskutierten Aspekten des Lebens. Sinnvoll ist die Liebe, und sie ist je sinnvoller, desto mehr sie sich über das Verhältnis zu einer einzelnen Person ausweitet und sich in Richtung Menschheit oder des Lebens insgesamt öffnet. Freundschaft ist sinnvoll, weil sie tiefe Verbindungen zu anderen aufbaut, weil man Freunden hilft und weil Freundschaft eine Ressource wechselseitiger Entwicklung bildet und sozialen Zusammenhang festigt. Sogar Arbeit kann sinnvoll sein, allerdings nur unter der Voraussetzung, dass sie einen echten Nutzen für die Allgemeinheit stiftet und nachhaltig mit unseren natürlichen Ressourcen umgeht. Der Arbeit einen künstlichen Sinn aufzupropfen, wie es gegenwärtig in der Management- und Beratungsdebatte über den sogenannten Purpose geschieht, ist nur eine Vorspiegelung von falschem Sinn, um Arbeitsmotivation für an sich sinnlose Tätigkeiten zu erhalten. Dies ist ein aktuelles Beispiel für nahegelegte ideologische Sinnhülsen. Sich in erbaulicher Muße aus den Verengungen, die oft gerade durch das Arbeitsleben festgezurrt werden, zu befreien, ist schon deshalb sinnvoll, weil hier Kräfte freigesetzt werden, die für ein gelingendes Leben und für ein Engagement in anderen Bereichen unerlässlich sind. Natur- und Kunsterleben sind sinnvoll, weil wir dabei erfahren können, was zu leben alles bedeuten kann, weil Erweiterungserlebnisse uns öffnen über die unmittelbare Alltagsbewältigung hinaus. Und dass nicht zuletzt Transzendenzerfahrungen dazu gehören, die uns aus der engen Sicht nur auf uns selbst herausführen, wurde eingangs bereits erläutert.

Die genannten Einzelbereiche können je für sich mehr oder weniger sinnvoll sein, wie ich versucht habe aufzuzeigen. Ein komplexer Sinn, der ein Leben zu tragen vermag, entsteht dadurch noch nicht. Selbst die sinnvollste Arbeit wächst sich zur Pathologie aus, wenn sie allein das Leben dominiert und dazu führt, dass andere Bereiche, seien es Freundschaften oder die Familie, vernachlässigt werden. Ein Leben, das ausschließlich Transzendenzerfahrungen, z. B. im Gebet oder einer anderen Form der Meditation, gewidmet wird, verliert seine Bodenhaftung und negiert die Komplexität der sinnvollen Lebensmöglichkeiten. *Ora et labora* (beten und arbeiten) heißt es sogar im Kloster; das sind immerhin schon zwei von den vielen möglichen Lebensäußerungen. Ein Mensch, der sich mit seiner ganzen, ihm zur Verfügung stehenden Zeit ausschließlich der Natur verschreibt, wird bestenfalls ein etwas merkwürdiger Waldschrat, aber kein sinnvolles Mitglied der Gesellschaft. Etc. Tragfähiger Lebenssinn ergibt sich erst aus der Spannung, die aus dem *Zusammenhang der Lebensbereiche* resultiert. Es ist das Muster, das verbindet und dadurch Sinn stiftet, könnte man vielleicht mit einer von Gregory Bateson ausgeliehenen Formulierung sagen.[96] *Sinnmuster* müssen nicht stabil bleiben; sie können sich im Verlauf eines Lebens ändern und erweitern. In jungen Jahren dominieren möglicherweise die intersubjektiven Beziehungen; auch gesellschaftliches Engagement kann einen hohen Stellenwert haben. In mittleren Jahren tritt bei den meisten das berufliche Engagement in den Vordergrund. Freundschaften entstehen oft aus Arbeitsbeziehungen. Und im Alter dominieren vielleicht die Natur und eine tätige Muße. Entscheidend bleibt – wie schon erwähnt –, dass ein Lebensmuster keine zu einseitige Schlagseite bekommt.

Bei mir hat sich das Muster aus den oben beschriebenen Komponenten mit dem jungen Erwachsenenalter herausgebildet, die einzelnen Komponenten waren fast von Anfang meines bewussten Lebens an vorhanden. Grundsätzliche Veränderungen hat das Muster nicht erfahren, allerdings hat sich die Bedeutung der einzelnen Komponenten immer mal wieder verschoben und modifiziert. Jedes Leben, insbesondere jedes menschliche Leben, bildet einen besonderen Einzelfall. Deshalb kann es auch kein allgemeines Muster geben, das die Einzelnen ihrem Leben nur noch überstülpen müssten, um Sinnerfahrungen zu machen. Wie ich zu Beginn des Essays betont habe, schreibt hier ein Einzelner, der sich Fragen stellt und nach Antworten sucht, keiner, der anderen Vorschriften machen, sie vielmehr teilhaben lassen will. Insofern könnte man aus dem Exempel lernen, um sein eigenes Sinnmuster zu finden. Dem eigenen Leben einen Sinn zu geben, ist die Aufgabe, die das Leben an uns stellt. Und ohne eigenes Sinnmuster kein gelingendes Leben.

Lebenssinn wurzelt in der Verbindung mit dem Guten

Jean Grondin hält ein menschliches Leben ohne die Frage nach dem *Guten* für schlichtweg unmöglich, denn irgendein Gutes liegt allen Beurteilungen und Interpretationen zugrunde.[97] Die Fragen nach dem Sinn und nach dem Guten gehören also zwangsläufig zusammen. Zu klären ist also, um welches Gute es gehen kann, das einen Lebenssinn grundieren könnte.

Um Sinnerfahrungen, z. B. in den ausgeführten Lebensbereichen, machen zu können, muss also diese unerlässliche ethische Bedingung erfüllt sein. Man muss in diesen Bereichen eine feste *Verbindung zum Guten* herstellen. Sinn steht immer in Beziehung zu den Werten, auf die hin man sein eigenes Leben ausrichtet. Den höchsten Wert oder in anderen Worten das *summum* bonum bzw. das *Grundgute* hatte ich in meiner Ethik des gelingenden Lebens darin bestimmt, sich selbst als aktiven Teil eines sinnvollen und ökologischen Ganzen des Lebens zu verstehen und dabei so zu handeln, dass Leiden vermindert und die Lebendigkeit des Ganzen gefördert wird. Als bedingende Unterseite dieser praktischen Lebensethik ergab sich die Notwendigkeit, das eigene Selbst in einem Prozess der ständigen Transformation lebendig zu halten.[98] Diese beständige Selbstveränderung betrifft auch die eigene Sinnkonstruktion.

Diese abstrakte Formulierung kann man auch in kleinerer Münze haben, wenn man sie auf die oben behandelten Aspekte eines sinnvoll erlebten Lebens bezieht. Nicht Produktionsarbeit von schnell veralternden Verbrauchsgütern zur kurzfristigen Profitsteigerung, sondern sachlich gute und sozial befriedigende Arbeit für qualitativ hochwertige, langlebige und nützliche Produkte und menschengerechte Dienstleistungen. Nicht Müßiggang, um die Langeweile mit allerlei Unterhaltungsprogrammen zu vertreiben, sondern um in der Muße einen Hegeraum des Menschlichen zu finden, wie Josef Piper es genannt hat. Nicht menschliche Beziehungen um des Nutzens willen, sondern weil man den anderen als Bedingung des eigenen Selbst erkannt hat. Nicht nur Jogging im Stadtwald, um fit für den täglichen Konkurrenzkampf zu sein, sondern auch sinnlich-leibliches Naturerleben, um der Verbindung mit dem lebendigen Ganzen willen. Nicht Museumsbesuch als kulturindustrielles Freizeitvergnügen, sondern Kunsterleben, um sich für die Alterität, für die Nicht-Identität, für das andere jenseits der instrumentellen Vernunft zu öffnen. Nicht Metaphysik und esoterische Seelenmassage, sondern immanente Transzendenzerfahrungen, um über die eigene Enge hinauszuwachsen.

Der Sinn des je eigenen Lebens ist zwar eine Interpretation

der eigenen Position in der Welt, dennoch ist er kein rein gedankliches Konstrukt, sondern – wie Alfred Adler schon sagte – ein Lebensstil mit Verbindung zur Gemeinschaft, also eine Art zu leben, d.h. eine *ethische Praxis*. Das sieht auch Terry Eagleton so; auch für ihn ist der Sinn des Lebens nicht metaphysisch, sondern ethisch. Für ihn ist ein Leben lebenswert, wenn es eine bestimmte Qualität, Tiefe, Fülle und Intensität hat.[99]

Durch aktive Sinngebung setzt der Mensch der Zufälligkeit des Lebens und der Absurdität der gesellschaftlichen Verhältnisse etwas entgegen, das ihm Orientierung bietet und bewusstes Handeln ermöglicht. Dies ist zwar eine je individuelle Aufgabe, geschieht dennoch nicht isoliert, denn wie wir im ersten Kapitel sahen, ist der Mensch ein soziales Wesen und lebt immer in gesellschaftlichen Verhältnissen, denen er nicht entkommen kann. Die Gesellschaft und die ganze damit verbundene Kultur können in ihrem Symbolgehalt als eine allgemeine Sinnstruktur angesehen werden. Das ist einerseits für die individuelle Sinnsuche erleichternd, aber anderseits auch gefährlich, weil sie die Individuen mit vorgestanzten Denkformen dessen versieht, was allgemein als gut, wertvoll und richtig gilt bzw. gelten soll. Das muss nicht in jedem Fall ein verallgemeinerbares Gutes sein, sondern hat in den unterschiedlichen Gesellschaften immer auch einen ideologischen Charakter, um Individuen kritiklos in Vorhandenes einzufügen. Allgemeine Sinnvorgaben zu übernehmen, ist zwar der einfachere Weg, führt aber nicht zu der Herausbildung einer eigenen, persönlich sinnvollen Lebenspraxis, nicht zu *Eigensinn*. Daher ist Vorsicht geboten bei der Übernahme nahegelegter Denkformen.

Eigenständiges Denken ist anstrengend, erfordert Kritik und Widerstand gegen Sinn- und Worthülsen – seien sie religiöser, politischer oder sonstiger Art. Ohne eine Ethik des Guten kein sinnvolles Leben!

Lebensgenuss und Lebenssinn

Es gibt eine Stelle bei Augustinus, die Jean Grondin zitiert[100], wo ersterer schreibt, dass unsere Seele mehr lebt, wenn sie zu schmecken fähig ist. Das bestätigt mich in einer schon lange gehegten Vermutung, dass es einen positiven Zusammenhang zwischen einem genussvoll gelebten und einem sinnvoll erfüllten Leben gibt. Diesen Zusammenhang will ich nun herausarbeiten. Dabei ist mir durchaus bewusst, dass Augustinus, der mir hier als Inspiration dient, zumindest nach seiner Bekehrung zum Christentum ein großer Sinnesverächter war. Höllische Genüsse und böse Dünste entstiegen dem Schlamme seiner Fleischeslust, schreibt er in seinen Bekenntnissen.[101] Vor seiner Konversion hatte er es dafür besonders heftig getrieben mit den sinnlichen Genüssen. Insofern wusste er genau, wovon er sprach, wenn es um den Geschmack des Lebens ging. Augustinus kannte gut, was er später verachtete und an sich bekämpfte. Sei's drum, mir dient er nur als Ideengeber meiner eigenen Reflexionen.

Der Begriff des *Geschmacks* bezieht sich in der angeführten Augustinus-Passage eindeutig nicht nur auf die Nahrungsaufnahme, sondern auf eine erweiterte, allgemeine Fähigkeit der Wahrnehmung des Lebens. Dies entspricht bereits einem modernen, metaphorischen Gebrauch des Ausdrucks, der sich – wie Luc Ferry unter Bezugnahme auf den Historiker Karl Borinski aufzeigt – seit Baltasar Gracián (1601–1658) durchgesetzt hat.[102] Geschmack bezeichnet ganz allgemein die Fähigkeit, das Schöne vom

Hässlichen und das qualitativ Gute vom Minderwertigen zu unterscheiden. Einen *guten Geschmack* zu haben, ist deshalb die Voraussetzung dafür, die schönen und guten Seiten des Lebens genießen zu können.

Wer des Gegenwärtigen recht geniessen will, muß Freude suchen, wo sie wirklich zu finden ist, nemlich in sich selbst. Der nur kann sie haben, der überzeugt ist, er thue, was er könne, wenn er auch noch ferne vom Ziel der Vollkommenheit ist.[103]

(Baltasar Gracián)

Wikipedia definiert *Genuss* als eine positive Sinnesempfindung, die mit körperlichem und/oder geistigem Wohlbehagen verbunden ist.[104] Genussfähigkeit gehört zur physiologischen Grundausstattung des Menschen. Stefan Klein weist darauf hin, dass unser Gehirn beim Genießen Opioide ausschüttet, die Lebensfreude produzieren und uns zu nützlichem Verhalten verführen.[105] Der Duden erläutert das Verb genießen ausgehend vom mittel- und althochdeutschen ergreifen, fangen.[106] Das findet sich in dem oben zitierten Sinnspruch *carpe diem* von Horaz wieder, der dazu aufrief, das Heute zu genießen und das Leben nicht auf morgen zu verschieben. Horaz bezog sich auf die Lehre von Epikur. Wenn dieser die Lust als höchstes Gut bestimmte, dann war das aber keine Aufforderung zu hedonistischer Schlemmerei und ausschweifender Sexualität, sondern eine Empfehlung für ein maßhaltendes, gelingendes Leben. Als *Lebensgenuss* könnte deshalb allgemein eine auf der Liebe zum Leben basierende sinnliche Fähigkeit verstanden werden, die schönen und guten Seiten des Lebens zu entdecken und sich an ihnen zu erfreuen.

Die Fähigkeit, den *Geschmack der Welt* zu genießen, führt deshalb zum Mehr-leben, d. h., einem höheren, besseren, gelungeneren, vollkommeneren Leben, womit der Übergang zum Sinn vollzogen ist. Als *Lebenssinn* wurde eine auf der Grundlage der Sinne im individuellen Leben hergestellte Verbindung mit dem verallgemeinerten Guten herausgearbeitet, die dem eigenen Leben eine tragende Bedeutung verleiht. Das wurde im vorangegangenen Kapitel ausführlich dargestellt. Wichtig erscheint es hingegen, noch einmal klar zu definieren, welche erweiterte Genussvorstellung diesem Essay zugrunde liegt.

Lebensgenuss und sinnvolles Leben

Um später differenzierter zu begründen, wie Genuss und Sinn zusammenhängen, referiere ich zunächst zusammenfassend die philosophische Vorstellung von *Lebensgenuss*, die Corine Pelluchon in ihrem Buch »Nahrung« entwickelt hat.[107] Der Mensch existiert mit allen seinen Sinnen in der Welt, die ihn leiblich, geistig, kulturell und spirituell ernährt. Dieses Leben in der Welt der Nahrung ist vor allem anderen zunächst Genuss. Im Genuss erleben wir sinnlich den Geschmack der Welt, ihre Würze, ihre Schönheit und ihre Güte. Nahrung tut uns gut. Keine, nicht ausreichend oder minderwertige Nahrung zu haben, beraubt uns unseres grundlegendsten Menschenrechts und ist der größte politische Skandal in unserer reichen Welt noch vor der Beschneidung unserer Freiheit. Nahrung in allen genannten

Formen ist lebensnotwendig. Weil wir uns von der Welt ernähren, sind Ernährung und Genuss von sich aus ethisch, denn wir müssen achtsam pflegen, wovon wir abhängen, sonst schädigen wir uns selbst und andere. Im Genuss spüren wir eine Übereinstimmung und Harmonie zwischen uns und der Welt; wir erleben unsere Liebe des Lebens. Die Welt zu genießen bedeutet, unsere Kräfte und unsere Vitalität zu stärken. Genuss ist reizvolle *Einverleibung von Welt*. Nahrung bindet uns aber auch an andere Menschen und andere Lebewesen, die für unseren Genuss sorgen und mit denen wir zusammen genießen. Gemeinsam genießen ist ein noch größerer Genuss, wie uns jede Mahlzeit in der Familie oder im Kreis unserer Freunde immer wieder bestätigt. Weil Nahrung uns an die weltweite Gemeinschaft mit anderen Menschen, mit den Tieren und den Pflanzen bindet – von der Produktion über den Vertrieb bis zum Essen, das auf unseren Tisch kommt –, muss es zwingend eine *Ethik des Genusses* geben. Ethischer Genuss frisst nicht stumpf in sich hinein, sondern sorgt sich um das Leben und achtet es in jeder Form. Im Genuss geht es um die *gute Qualität* des Lebens – des eigenen und das der anderen Menschen, der Tiere und der Pflanzen, aber auch um die Qualität der Dinge, mit denen wir uns umgeben und mit denen wir leben.

Genuss kann mit Hartmut Rosa als ein Resonanzphänomen im Verhältnis Subjekt und Welt angesehen werden, als eine gelingende Weltanverwandlung, durch die sich ein Individuum als lebendig, reich und getragen erfährt.[108] *Resonanz* ist allgemein das Mitschwingen eines Körpers in der Schwingung eines anderen Körpers. Rosa benutzt den Resonanzbegriff, um die *Qualität von Weltbeziehungen* eines Subjekts zu bezeichnen. Resonanz ist eine dynamische Beziehung zwischen einem Individuum und einem Aspekt der Welt. Das Subjekt ist dabei der Pol der Relation, der eine Resonanzerfahrung macht, und Welt alles, was vom Subjekt erfahren werden kann. Da der Mensch Teil und Beteiligter der Welt ist, kann er sich in reflexiver Selbsterfahrung – wie eingeschränkt auch immer – selbst begegnen. In der Beziehung zur Welt verwandelt sich nicht nur das Subjekt die Welt an, sondern zugleich verwandelt es sich selbst der Welt an. Adorno nannte dies *Mimesis* (Nachahmung). Subjekt und Welt stehen sich nicht getrennt gegenüber, sondern bringen sich wechselseitig hervor. Resonante Weltbeziehungen sind nicht kausal, instrumentell oder deterministisch, sondern beruhen in der Sicht von Rosa auf einem inneren Berühren, Sich-Entsprechen, wechselseitigen Reagieren. Diese Welterfahrung des Subjekts ist grundlegend zunächst eine leibliche, eine gefühlte, eine genießende. Wie für Pelluchon ist auch für Rosa die Nahrungsaufnahme hier das leitende Paradigma. Da sich Lebensqualität nicht an der Steigerung materiellen Wohlstands bemisst, sondern an der Qualität der Weltbeziehungen, ist Resonanz der Maßstab bzw. ein Metakriterium für ein gelingendes, sinnvolles Leben.[109]

Wie oben bereits angedeutet, ist Genuss keim Schwelgen im Maximum. *Genussfähigkeit* ist deshalb eine differenzierte sinnliche Wahrnehmungsfähigkeit, die ihre Aufmerksamkeit auf ausgewählte Objekte des Genusses konzentriert. So sieht es jedenfalls Niko Paech[110], und ich kann ihm da nur zustimmen. Deshalb erfordert Genussfähigkeit eine intellektuelle Urteilskraft, verbunden mit einer Entscheidungsfähigkeit, die auch zum Verzicht bereit ist, um bewusst und gezielt die ausgewählten Objekte genießen zu können. Konzentration steigert den Genuss. Wer Ausgewähltes zu genießen weiß, ist weniger in Gefahr, im wahllosen Konsum unserer Überflussgesellschaft zu verwahrlosen. Man kann also nicht beliebig Beliebiges genießen, sondern Genuss kombiniert individuelle Genussfähigkeit mit der Qualität des Objektes, auf das sich das Begehren richtet. Genuss begegnet seinem Objekt mit Wertschätzung – in Liebe, möchte ich fast sagen; insofern ist Genuss erotisch.

Es ist das *Begehren*, das uns dem Genussobjekt zutreibt. Im Kern ist das Begehren das Streben nach Lebendigkeit. Alles, was lebt, begehrt! Es begehrt das, was das eigene Leben verbessert, lebenswerter macht. Genaugenommen hat Begehren kein Gegenteil. Abscheu, Ekel, Abneigung – nichts trifft den Gegensatz wirklich. Begehren ist das Streben nach Leben. Ein Lebewesen, das nicht mehr begehrt, ist tot. Ein Mensch, der sein Begehren nicht mehr spürt, ist so gut wie tot. Das Begehren ist kein Mangel, kein Defizitgefühl, sondern das Vermögen, das den Genuss ermöglicht. Hunger verweist auf einen Mangel an Nahrung; Appetit ist das Begehren zu genießen. Wer Hunger leidet, kann nicht genießen; wer satt ist, allerdings auch nicht. Um zu begehren, muss man in einem Zustand der Empfänglichkeit sein, bereit, die Lust, die mit dem Genuss des begehrten Objektes verbunden ist, zu (er-)leben. Mangel muss Not wenden; Begehren will Freude. Um zu genießen, muss man frei sein von Not und Zwang. Und sein Begehren muss man pflegen, kultivieren zum höheren Genuss. Mangel verlangt nach Sättigung. Hingegen ist Befriedigung nicht das Hauptziel des Begehrens; der Genuss steckt vor allem im Vollzug. Das Begehren treibt zum Genuss; der Genuss ist das gelebte Begehren.

Wir betrachten unser Begehren nach etwas als ein Problem, das es zu lösen gilt, analysieren, worauf das Begehren gerichtet ist, und konzentrieren uns dann auf diesen Gegenstand und darauf, wie wir ihn uns beschaffen können, statt auf die Natur und das Gefühl des Begehrens, obwohl es oft die Distanz zwischen uns und dem Objekt unseres Begehrens ist, die den Zwischenraum mit dem Blau der Sehnsucht füllt. Manchmal frage ich mich, ob man es mithilfe eines kleinen Perspektivenwechsels nicht als ein eigenständiges Gefühl schätzen lernen könnte, da das Begehren genauso zum menschlichen Dasein gehört wie das Blau zur Distanz. Ob man in diese Ferne hineinblicken kann, ohne sie gleich aufheben zu wollen, ob man seine Sehnsucht genauso annehmen kann wie die Schönheit jenes Blaus, das man nie besitzen kann. Denn ein Teil dieser Sehnsucht wird, so wie das Blau der Ferne, durch Beschaffungen oder Ankünfte nur verlagert, nicht gestillt, so wie die Berge aufhören, blau zu sein, sobald man in ihnen ankommt, und das Blau stattdessen die nächste Ferne färbt. Irgendwo hier liegt der geheimnisvolle Grund dafür, dass Tragödien schöner sind als Komödien und dass uns die Traurigkeit bestimmter Lieder und Geschichten einen so großen Genuss bereitet. Irgendetwas ist immer weit weg.[111]

(Rebecca Solnit)

Genuss und Sinn werden durch Werte gesteuert

Werte sind der Ausdruck und das Ergebnis einer Bewertung einer bewertenden Instanz (Organismus, Subjekt, Gruppe, Organisation) und eines zu bewertenden Gegenstandes bzw. einer zu bewertenden Situation auf der Basis einer mehr oder weniger bewussten Bewertungsgrundlage mit Hilfe mehr oder weniger klarer Bewertungskriterien. Alles kann bewertet werden – Personen, Gegenstände, Prozesse, Eigenschaften, Vaterländer, das Wetter usw. Es gibt quasi kaum ein Verhalten bzw. eine Handlung, das bzw. die nicht mit Bewertungen einhergeht. Womit auch klar ist, dass es keine objektiven Werte gibt. Werte sind nicht wahr, höchstens im Verhältnis zwischen Wertendem und Bewertetem adäquat oder besser noch wirksam. Die Adäquatheit/ Wirksamkeit zeigt sich durch die *Viabilität* (Bewährung im Sinne von Lebensdienlichkeit) des durch die Wertungen gesteuerten Verhaltens. Etwas ist ein Wert, wenn es eine Instanz gibt, die dieses Etwas aus irgendeinem Grund wertschätzt. John Erpenbeck bestimmt Werte deshalb als Ordner von Selbstorganisationsprozessen.[112] Bewertungen sind generell mit dem Leben verbunden. Dies beginnt bereits auf der Ebene einfacher Organismen, die ihre Umweltbedingungen nach lebensdienlich und schädlich evaluieren und ihre Reaktionen darauf abstimmen, und endet beim Menschen und seinen Organisationen, die ihre Kommunikationen und Handlungen in Bezug auf ihre Umwelten realisieren müssen. Werte überbrücken oft Handlungssituationen in Unsicherheit. Ohne Umweltbewertungen sind Akteure handlungsunfähig. Werte müssen emotional verankert, nicht nur gewusst sein, sonst sind sie handlungspraktisch unwirksam. Unser individuelles Selbstverständnis, das unserem Handeln zugrunde liegt, ist von Werten durchzogen, die überwiegend unbewusst sind und nur reflexiv ausgegraben werden können. Werte sind aber nicht nur individuell, sie haben sich in kulturellen Praktiken und in Institutionen/Gewohnheiten sedimentiert, wo sie oft gar nicht mehr als regulierende Mechanismen erkennbar sind. Dennoch oder gerade deshalb sind sie höchst wirksam.

Erpenbeck unterscheidet nach einem Parcours durch die gesamte Werteforschung u. a. zwischen Genusswerten, Nutzenwerten, ethisch-moralischen Werten, politisch-weltanschaulichen Werten, ästhetischen Werten und religiösen Werten. Zusätzlich nennt er noch rechtliche und ökonomische Werte.[113] Alle Bewertungen arbeiten immer mit einer gut/schlecht- bzw. förderlich/hinderlich-Unterscheidung, die je nach Bewertungsbereich differenziert wird. Beim Genuss kann man zwischen lustvoll/unangenehm unterscheiden, beim instrumentellen Handeln zwischen nützlich/nutzlos, in der Ethik zwischen moralisch/unmoralisch, in der Politik zwischen progressiv/reaktionär, in der Ästhetik zwischen schön/hässlich und in der Religion zwischen gottgefällig/sündig.

Beim *Lebensgenuss* geht es – wie das Wort schon sagt – zunächst um Genusswerte, aber, weil es um Wahrnehmung geht, gleichwertig um sinnlich-ästhetische Werte und bezüglich der Ethik verantwortlichen Genießens um moralische Werte. Genuss ist eine Subjekt/Objekt-Beziehung – ein Subjekt (Mensch oder Tier) bezieht sich auf ein Objekt der Welt. Den handlungsleitenden

Wert auf der subjektiven Seite bestimme ich als Lust und den entsprechenden Wert auf der Gegenstandseite nach Pelluchon als Nährendes. *Lust* ist das belebende Gefühl und das Vergnügen, das aus Befriedigung sinnlicher und intellektueller Tätigkeiten sowie allgemein aus Wunsch- und Bedürfnisrealisierungen resultiert. *Nährendes* ist die Gesamtheit aller zuträglichen Eigenschaften der Welt im engeren wie im weiteren Sinn, ihr Geschmack, ihre Farbigkeit, ihr Duft, ihr Klang, ihre Textur, ihre Schönheit sowie ihr geistiger und spiritueller Gehalt. Dieser Wert bezieht sich auf sinnlich Wahrnehmbares ebenso wie auf intellektuell Erkennbares – eben auf alles, was uns leiblich, geistig, kulturell und spirituell ernährt und kräftigt. Lust auf der Seite der Subjekte und Nährendes auf der Seite der Welt bilden – wie nicht schwer zu erkennen ist – eine Einheit in der Differenz.

Beim *Lebenssinn* sind in erster Linie ethische Werte von Bedeutung. Politisch-weltanschauliche und religiöse Werte können mit hineinspielen, ebenso ästhetische Werte, soweit es um den Lebensstil geht. Auch Genusswerte spielen eine Rolle insofern als ein Lebenssinn emotional verankert sein und gefühlt werden muss, soll er wirklich handlungsrelevant sein. Da Werte Subjekt/Objekt-Beziehungen regulieren, schließe ich mich im Kontext meines Essays als zentralem Wert auf der Seite der Subjekte dem gebräuchlichen Wert Autonomie an – allerdings im Bewusstsein der gleichzeitig vorhandenen Interdependenz, also als Selbststeuerung aus ethischer Einsicht in den Gesamtzusammenhang des Lebens verstanden. Deshalb ergänze ich Autonomie auch auf der gegenständlich-gesellschaftlichen Seite durch Gerechtigkeit. Unter

Autonomie verstehe ich zunächst die Freiheit der eigenen Entscheidungen, dann aber auch die dafür erforderliche Entfaltung der eigenen Anlagen und Fähigkeiten und schließlich die Realisierung der eigenen Bedürfnisse, Wünsche und Möglichkeiten in einem verantwortlichen Handeln gegenüber anderen Lebewesen in solidarischer Gemeinschaft. *Gerechtigkeit* definiere ich als ein Handlungsprinzip von Individuen, Gruppen, Organisationen und Staaten, das jedem Lebewesen sein persönliches Recht in ihm gerecht werdender Art und Weise gewährt. Gerechtigkeit lässt sich je nach Kontext als Bedürfnis-, Verteilungs-, Zugangs- und Befähigungsgerechtigkeit fassen.

Autonomie ohne Kompensation durch Gerechtigkeit ist ein problematisches Konzept, weil es vor allem seit den 1970er Jahren einer vereinzelnden Individualisierung Tür und Tor geöffnet hat, die sich als eine vom Gemeinsinn losgelösten Selbstverwirklichung auslebt. Diesen Kulturwandel hatte vor allem Ronald Inglehart untersucht.[114] Selbstverwirklichung ist die modernisierte und in gewisser Hinsicht banalisierte Version des Aufklärungsideals der Autonomie bzw. Selbstbestimmung des Subjekts in politischer, religiöser und ästhetischer Hinsicht. Letzteres hatte seinerseits die seit Platon klassische Frage nach dem guten Leben ersetzt, die untergründig noch bis in den aktuellen Wert der Selbstverwirklichung hineinwirkt. Der Anspruch auf Selbstverwirklichung muss allerdings mit der Paradoxie leben oder besser gesagt den Widerspruch integrieren, dass der Glaube an ein Selbst, das zu verwirklichen wäre, mit der modernen Forderung kollidiert, ein flexibles Subjekt zu sein, das in der Lage ist, sich immer wieder neu zu erfinden. Wie ich an anderer Stelle aufgezeigt habe, ist die Vorstellung eines identischen Selbst ohnehin eine Illusion. Das Selbst ist kein Ding, sondern ein kontinuierlicher, fluider Prozess, das sich wiederholende und ständig verändernde Muster unseres gewohnheitsmäßigen Handelns.[115] Unser Selbst braucht daher nicht verwirklicht zu werden, es ist in jedem Augenblick bereits wirklich und unwirklich zugleich. Wenn wir allerdings das verbreitete Streben nach Selbstverwirklichung als aktuelle Variante der Reflexion auf ein gelingendes, gutes Leben verstehen, dann wird auch die Beziehung zum Wert der Gerechtigkeit deutlich. Nicht nur klassisch war die Einheit des Guten und Gerechten untrennbar, auch modern korrespondiert der individuelle Anspruch auf eine Verwirklichung der eigenen Bedürfnisse und Fähigkeiten mit dem Gerechtigkeitsanspruch, den Amartya Sen als *capabilities approach* bezeichnet und der über eine reine Verteilungsgerechtigkeit hinaus Befähigungs- und Verwirklichungschancen einfordert.[116] Der individuelle Wert der autonomen Verwirklichung der eigenen Möglichkeiten in einem gelingenden Leben und der gesellschaftliche Wert der gerechten Verwirklichungschancen für alle bilden eine sich wechselseitig ergänzende Einheit.

Weil Werte – wie wir gerade sahen – immer Beziehungswerte sind, also der System/Umwelt-Regulation dienen, gibt es sowohl beim Lebenssinn als auch beim Lebensgenuss einen *Metawert*, und der ist das Gelingen. Das *Gelingen* definiert ein Subjekt/Objekt-Verhältnis, das auf der subjektiven Seite die Verwirklichung eines selbstbestimmten Ziels, im Prozess ein glückendes Handeln und auf der Objektseite ein befriedigendes Resultat bezeichnet.[117] Beim Sinn geht es um ein gelingendes Leben als Realisierung der eigenen Möglichkeiten in einer gerechten

Gesellschaft und beim Genuss um eine im weitesten Verständnis geschmackvolle und ethische Mensch/Welt-Beziehung.

Der Zusammenhang von Sinn und Genuss

Die beiden Seiten eines gelingenden Lebens, die in diesem Essay diskutiert wurden, sind also so verschieden nicht, wie es auf den ersten Blick anmuten könnte:

- Lebenssinn und Lebensgenuss basieren beide auf unseren Sinnen. Tragfähigen Lebenssinn muss man fühlen, nicht nur denken. Lebensgenuss ist ein Erleben von sich und der Welt als harmonische Einheit. Beide vermitteln Subjekt und Welt.
- Beide sind ethisch, weil es weder Sinn noch Genuss ohne Verantwortungsübernahme, ohne Sorge für sich, für die anderen Lebewesen und für die Welt gibt. Beide haben eine Beziehung zum Grundguten, das in der Pflege des Lebendigen besteht.
- Wir können in Bezug auf Lebensgenuss und Lebenssinn ein durchaus ähnliches Wertesystem erkennen, allerdings mit vertauschter Schwerpunktsetzung. Beim Genuss geht es vorrangig um Genusswerte, grundiert mit ethischen Werten. Beim Lebenssinn stehen ethische Werte im Vordergrund, allerdings auf der Basis von Genusswerten. Genuss und Sinn verhalten sich wertmäßig in gewisser Weise spiegelverkehrt, aber sich ergänzend zueinander.

- Genuss ohne Sinn ist verantwortungsloser Hedonismus. Sinn ohne Genuss ist lustfeindlicher Puritanismus. Ein sinnvolles Leben hat – in der Sprache von Augustinus – mehr Geschmack und kann deshalb auch mehr genossen werden.[118] Ein genussvolles Leben hingegen hat mehr Sinn, weil es nicht abstrakten Zielen unterliegt, sondern sinnlich im Diesseitigen verankert ist.

- Lebensgenuss ist eine Erfahrung der Resonanz zwischen einem fühlenden Subjekt und förderlichen, geschmackvollen Weltaspekten. In der Erfahrung des Mitschwingens, des Gleichklangs mit der Welt, des wechselseitigen Sich-Entsprechens erlebt das Subjekt die Qualität seiner Weltbeziehung. Damit ist Resonanz ein Maßstab für ein gelingendes, sinnvolles Leben.

- Sinn und Genuss haben beide ein Verhältnis zum Tod zu ihrer jeweiligen Voraussetzung. Erst das Bewusstsein der eigenen Endlichkeit lässt die Frage nach dem Sinn des Daseins aufkommen. Tiere leben einfach; Menschen brauchen ein Warum. Und weil wir sterben müssen, ohne in den Genuss eines paradiesischen Lebens zu kommen, wollen wir unsere diesseitige Zeit genießen.

- Im Genuss liegt einerseits ein Lebenssinn, wie andererseits das je eigene Sinnmuster auch Genussqualitäten aufweist, denn beide sind ein Ausdruck der Liebe zum Leben. Genusssinn und Sinngenuss sind zwei Seiten derselben Medaille. Wer nicht in der Lage ist, sein Leben zu genießen, wird sich auch nicht für das Leben einsetzen.

Ein neues Lied, ein besseres Lied,
O Freunde, will ich euch dichten!
Wir wollen hier auf Erden schon
Das Himmelreich errichten.

Wir wollen auf Erden glücklich sein,
Und wollen nicht mehr darben;
Verschlemmen soll nicht der faule Bauch,
Was fleißige Hände erwarben.

Es wächst hienieden Brot genug
Für alle Menschenkinder,
Auch Rosen und Myrten, Schönheit und Lust,
Und Zuckererbsen nicht minder.

Ja, Zuckererbsen für jedermann,
Sobald die Schoten platzen!
Den Himmel überlassen wir
Den Engeln und den Spatzen.[119]

(Heinrich Heine)

Sinnliche und geistige Genüsse

Üblicherweise wird, wenn man von Genuss spricht, spontan zunächst an Tafelfreuden, an Essen und Trinken, gedacht und dann darüber hinaus vielleicht noch an die Genüsse, die uns durch die anderen Sinne geschenkt werden wie beim Musikgenuss oder Augenschmaus. Dass auch Denken ein Genuss sein kann, liegt nicht so offen auf der Hand. Dennoch liegt hier eine ganz besondere Quelle des Genießens, was ich im weiteren Verlauf näher ausführen möchte. Es ist sogar so, dass geistiger Genuss seine eigene sinnliche Erlebnisqualität hat. Zudem unterliegt er im Vergleich zu den sinnlichen Genüssen des Essens und Trinkens nicht dem Wechsel von Begehren – Sättigung – erneuertem Begehren. An geistigem Genuss kann man sich nicht überfressen; er wird nicht durch Sättigung gestillt, sondern unterliegt durch seine Realisierung einer erweiterten Reproduktion. Ich beginne aber zunächst wieder bei unseren Sinnen, denn diese sind die Basis jeglichen Genusses.

Sinnliche Genüsse

Der Sinn des Lebens, das ist auch ein empfindlicher Sinn, eine Aufnahmefähigkeit, ein Gefühl, eine ‚Nase‘ für das Leben. Unter Sinn versteht man in diesem Zusammenhang die Fähigkeit, das Leben zu genießen, wofür einige begabter erscheinen mögen als andere. Intuitiv denkt man, *dass die Südeuropäer am Mittelmeer eher dazu fähig sind als die Nordeuropäer, die vom Puritanismus geprägt sind. Das Leben zu genießen wissen, sich Zeit dafür nehmen können, das heißt: einen Sinn für das Leben haben, dem Leben einen Geschmack zuzuerkennen.*[120]*

(Jean Grondin)*

Zumindest *ein* Sinn des Lebens – folgen wir Jean Grondin – besteht in der Fähigkeit, das Leben zu genießen. Der Geschmack des Lebens erschließt sich uns über unsere Sinne. Von denen haben wir in der alltäglichen Zählung fünf – oder sogar sechs, wenn wir den *sensus communis*, den Gemeinsinn, hinzunehmen, der einerseits als ein die anderen Sinne zusammenfassender Sinn gilt und andererseits über diese hinausweist in Richtung auf das Gemeinsame, das die Menschen miteinander verbindet.

Die Nahrungsaufnahme ist Teil im Funktionskreislauf des Stoffwechsels, der dem Erhalt und dem Wachstum des Lebewesens dient. Was den *Geschmack* betrifft, beginnt der Genuss da, wo das Essen und Trinken noch etwas anderes bezweckt als Sättigung und Durstlöschung. Als Geschmäcker gelten in der Kochkunst süß, sauer, salzig, scharf, fettig, bitter und umami, was man am besten mit herzhaft übersetzt.[121] Das Wesen des Genusses besteht darin, sich die Geschmäcker auf der Zunge zergehen zu lassen, um ihre Unterschiede wahrzunehmen und auszukosten. Aber auch das gesamte Ambiente spielt beim Genießen eine Rolle. Wurde das Essen selbst zubereitet? Passt der Wein zu den Gerichten? Ist der Tisch ästhetisch gedeckt? Isst man mit der Familie, im Freundeskreis oder allein? Das Gemeinschaftliche beim Essen ist durchaus ein eigener Genussaspekt.

Das *Sehen* ist ein Richtungssinn und zu unserem Hauptsinn geworden, mit dem wir uns vorwiegend in der Welt orientieren. Was aber passiert beim genießenden Betrachten, z. B. beim Kunstgenuss? Hier geht es um Schönheit, was immer wir im Einzelnen darunter verstehen wollen. Der griechische Gott Eros steht als Sinnbild für das Begehren nach Schönheit, und die finden wir nicht nur in der Kunst, sondern überall auf der Welt; wir müssen sie nur sehen *können*. In gewisser Weise ist das Betrachten selbst bereits ein Genuss. Es ist kein Beobachten, sondern ein Sich-Versenken in das Objekt der Betrachtung. Betrachten ist keine Informationsaufnahme, sondern ein sinnfreies Empfangen und zugleich ein Sich-Verlieren im Gegenstand der Betrachtung.

Das *Hören* ist ein Raumsinn; es ist zunächst unspezifisch. Allerdings können wir Hinhören und so annähernd genau bestimmen, aus welcher Richtung die Geräusche kommen. Weghören ist schon schwieriger, denn wir können unsere Ohren nicht verschließen wie unsere Augen. Beim Zuhören geht es einerseits um Informationsaufnahme, z. B. bei einem Vortrag. Dieser kann ein Genuss sein, aber einen richtigen Hörgenuss erleben wir wohl vor allem in der Musik. François Jullien benutzt das Wort Hören für das Vernehmen des Unerhörten.[122] Dieses Hören ist kein Zuhören, sondern eher ein Vernehmen dessen, was uns in unserem Alltag ständig entgeht, weil es durch Gewöhnlichkeit und die ständige Geräuschkulisse unkenntlich und langweilig geworden ist. Dazu später mehr im Abschnitt Daseinsgenuss.

Das *Riechen* ist – vor allem im städtischen Alltag – in der Regel keine Quelle des Genusses, sondern meistens eher der Belästigung. Wir fühlen uns gestört und können das Riechen dennoch nicht vermeiden. Dabei ist gerade unsere Nase eine außerordentliche Genussressource. Wir brauchen eine Nase für das Leben, meinte Jean Grondin. Wie genussvoll ist es, auf einer Wanderung den Duft der Wiesen und Wälder einzuatmen. Oder denken wir nur an den Geruch erlesener Speisen und Getränke. Weinkenner erschnüffeln die Rebsorte und besonders begabte sogar die Anbauregion und den Jahrgang. Der Geruch unserer geliebten Person – man muss ihn nur in der Nase haben, um Begehren zu spüren.

Ähnliches gilt für den *Tastsinn*. Es gibt nichts Schöneres als die Berührung der Haut – ein wichtiger Teil des Liebesspiels, das uns später im Abschnitt über den sexuellen Genuss noch weiter beschäftigen wird. Es gibt erfahrene Tischlermeister, die können die Qualität des Holzes erfühlen. Das ist kein bloßes Tasten, sondern eine Art Verbundenheit mit dem Gegenstand ihrer Arbeit, die über technisches Können weit hinausgeht. Noch heute empfinden wir die Berührung bestimmter Stoffe als Genuss – in gewisser Weise sogar als erotisch.

Der *Gemeinsinn* bedarf einer besonderen Beachtung, denn er ist kein Sinn wie die anderen. Dass er einerseits als ein übergeordneter, die anderen Sinne als ganzheitliches Wahrnehmungsvermögen übergreifender Sinn gilt, ist eine Seite. Er lässt uns etwas spüren, was sich dem Faktischen der anderen fünf Sinne entzieht und als eine Art Ahnung über sie hinausgeht. Er verbindet uns andererseits aber auch mit der Gemeinschaft, deren Teil wir sind und für die wir Verantwortung zu übernehmen haben. Darin ist er eine besondere Quelle des Genusses, die nur das Zusammensein mit anderen Menschen, aber auch mit Tieren, bringt. Das fast totzitierte Diktum von Friedrich Schiller, dass der Mensch nur da ganz Mensch ist, wo er spielt, bringt es auf den Punkt.[123] Spielen ist ein Hochgenuss! Johan Huizinga hat aufgezeigt, dass die gesamte Kultur aus dem Spiel und aus dem kultischen Fest hervorgegangen ist.[124] Das Fest ist die Genussveranstaltung einer Gemeinschaft, eine Unterbrechung des Alltags, eine Erinnerung und Wiederhervorholung der Vitalität. Das betraf früher die griechischen Dionysien und heute vielleicht noch in manchen Regionen die Fastnacht oder ländliche Weinfeste, wo das Feiern noch nicht zu Saufgelagen oder Drogennächten verkommen ist. Wer heute noch wirklich Spielen und Feste feiern kann, kennt diese Genussform des Gemeinsinns.

Tortellini con gorgonzola amaro e dolce
(für 2 Personen)
250 g Ravioli (am besten gefüllt mit Gorgonzola, ersatzweise mit einem anderen Käse)
Olivenöl und Butter zum Anbraten
1-2 Zwiebeln
2 kleine Radicchi
2 TL brauner Zucker (am besten Muscovado)
100 g Gorgonzola
50 g Frischkäse
etwas (Soja-)Milch
80 g reifes Obst (Aprikosen, Feigen, Pflaumen o.ä.)
Currypulver

Café de Paris-Gewürzmischung (ersatzweise Kurkuma)
Salz
Chiliflocken

In einer Pfanne ein Butter-Olivenöl-Gemisch zum Schmelzen bringen, bis die Butter schäumt. Dann die in kleine Stücke geschnittenen Zwiebeln bei hoher Hitze anbraten, Zucker hinzufügen und etwas karamellisieren lassen. Die in Streifen geschnittenen (das Weiße nicht verwenden!) und (am besten in einer Salatschleuder) gut trocken geschüttelten Radicchi dazu geben und ein paar Minuten braten, bis sie gut zusammenfallen und etwas Farbe annehmen.

Käse und ggf. je nach Konsistenz etwas Milch dazugeben, den Käse schmelzen lassen. Das Obst ein paar Minuten in der Sauce schmelzen lassen, dann mit den Gewürzen abschmecken. Das Gericht soll nur leicht scharf sein, damit auch die anderen Geschmacksrichtungen (bitter, süß, salzig, fettig) zur Geltung kommen können.

In der Zwischenzeit die Ravioli in wenigen Minuten al dente garen. Am besten dazu Salzwasser kurz aufkochen lassen, die Ravioli in das Wasser geben, Hitze abschalten und ein paar Minuten knapp gar ziehen lassen.

Ravioli auf den Teller geben und mit der Sauce anrichten.[125]

(Claudia Dehn)

Erotische Theorie

Beginnen wir unsere Suche nach der *Sinnlichkeit des Denkens* da, wo für uns Europäer alles begonnen hat, im antiken Griechenland in der platonischen Akademie. In Platons *Symposion*[126], auch Gastmahl und in neueren Übersetzungen Trinkgelage genannt, treffen sich Agathon, Aristodemos, Aristophanes, Eryximachos, Glaukon, Pausanias, Phaidros und Sokrates, um Lobreden auf den Eros zu halten. Die Reden gipfeln, wie von Platon nicht anders zu erwarten, in der Rede des Sokrates, der wiedergibt, was Diotima, eine weise Frau aus Mantineia, über Wesen und Wirkung des Eros zu berichten wusste. Sokrates behält damit mal wieder das letzte Wort und führt die abschließende Klärung herbei. Bei diesem geistigen Wettstreit wird übrigens üppig gespeist und reichlich Wein genossen, und das Ganze endet in einem veritablen Besäufnis. So ist schon das Setting für die Beteiligten beides: sinnlicher und intellektueller Genuss. Da alle außer Sokrates am nächsten Tag durch einen heftigen Kater gequält werden, kann man allerdings zweifeln, ob es sich bei dem übermäßigen Alkoholkonsum am Ende noch um Genuss gehandelt hat.

Üblicherweise wird *Eros* für einen Gott gehalten; das sehen auch die Vorredner des Sokrates so. Diotima ist allerdings, wie Sokrates ausführt, anderer Ansicht. Bevor Sokrates die Weisheit der Diotima berichtet, versichert er sich bei den Teilnehmern, ob sie mit ihm einer Meinung sind, dass das Begehrende das erstrebt, was ihm fehlt und wo es daher hingezogen wird. Hier stimmen alle zu. Diotima habe gezeigt, so Sokrates, dass Eros auf einer olympischen Feier anlässlich der Geburt der Aphrodite gezeugt wurde. Als Sohn des Poros (die Personifikation des Erwerbs und der Fülle) und Penia (die Personifikation der Armut) besitze er selbst allerdings nichts, zeichne sich aber väterlicherseits durch ein beharrliches Streben aus. Daher könne er kein Gott sein, denn sonst würde er ja bereits über alles verfügen. Denn die Götter leben ewig in vollkommener Schönheit, Güte und Wahrheit, ihnen ermangelt nichts. Diotima bestimmt Eros deshalb als einen Dämon. Ein Dämon ist kein Monster aus Horrorfilmen, sondern ein Wesen der Mitte und als solches Mittler zwischen den Menschen und den Göttern. Eros als Mittelwesen ist weder schön noch hässlich, weder gut noch schlecht, nicht sterblich, aber auch nicht unsterblich, nicht weise, aber auch nicht unwissend. Aber er hat ein liebendes Begehren nach Schönheit und Wahrheit. In dieser Position nennt ihn Diotima einen Philosophen, die eben auch genau dies sind: keine komplett Unwissenden, aber auch keine vollkommenen Weisen. Sie sind – wie Eros als ihr Prototyp – Liebhaber der Weisheit. Die Liebe von Eros richtet sich zunächst auf die Schönheit, dabei aber nicht nur auf die vergängliche, sondern gewissermaßen aufsteigend auf das Schöne an sich. Wie man vom Einzelnen und Besonderen gedanklich weiterschreitet auf das Allgemeine zu, gelangt man nach Platon in der Erkenntnis zum Urschönen, das mit dem Guten identifiziert wird, welches zugleich die Wahrheit ist.

Peter Sloterdijk ist ein moderner Denker, der die Bedeutung des Eros für Wissenschaft und Philosophie betont. Er spricht in seiner »Kritik der zynischen Vernunft« in Bezug auf die philosophischen Diskussionen in der platonischen Akademie von der ekstatischen Erfahrung, die zugleich als Wahrheit, Schönheit und Gutheit in der Seele aufleuchtet.[127] Darin erkennt er die Tradition eines Erkenntnisstrebens, das erotische Theorie ist – Wahrheitsliebe als Liebeswahrheit. Die Liebe der Weisheit färbt auf die Gegenstände der Weisheitssuche ab.

Sloterdijk unterscheidet zwei Wissens- bzw. Wissenschaftskulturen: eine polemische und eine erotische.[128] Ihr Unterschied besteht in der Art ihres jeweiligen Gegenstandbezuges und in der Form ihrer Methodik, d. h., in der Art und Weise wie Wissenschaftler glauben, Objektivität erschließen zu können. Die Polemiker treten ihren Forschungsobjekten aus der kalten Distanz gegenüber; sie suchen nach Generalisierungen und überindividuellen Verallgemeinerungen. Ihre Methoden sind wie Waffen, mit denen sie ihre Forschungsobjekte zur Strecke, d. h., unter Kontrolle, bringen wollen. Ihr Wissen über die Forschungsobjekte realisiert sich als Ein-Deutigkeit und Fest-Stellung. Die Erotiker verhalten sich gegenüber ihren Erkenntnisobjekten wie Mitbewohner, die an der Vielfalt, Mehrdeutigkeit und Wandelbarkeit ihrer Erkenntnisgegenstände interessiert sind. Ihre Methode (in der griechischen Wortbedeutung von *methodos* = Weg) ist die Leidenschaft für die Erkenntnis und ihre Gegenstände. Sie geben nicht ihren Methoden, sondern den Objekten den Vorrang, die sie nicht erledigen, sondern denen sie sich anschmiegen wollen. Die Wissenschaft der Erotiker ist eine Art Kunst. Die Polemiker suchen nach sicherem Wissen, gereinigt von der Subjektivität. Die Erotiker suchen das Abenteuer, ihre Erkenntnisse bedeuten zugleich eine Selbstveränderung; ihre Wissenschaft ist lebenspraktische

Teilhabe an der Welt – eine Versöhnung mit dem ausgeschlossenen Anderen, dem Nichtidentischen in Adornos Sprache. Nach der abgeschlossenen Untersuchung der Polemiker sind die Dinge für diese und an sich erledigt. Die Liebe der Erotiker zu den Dingen erblüht immer wieder neu. Der Polemiker ist der Forsch-Herr der Welt; der Erotiker ihr Liebhaber. Wo der Sinn für die Schönheit der Erkenntnisobjekte aufhört, beginnt der Krieg gegen sie. Die Polemiker wollen die Wahrheit aus den Dingen herauspressen; sie sind die Inquisitoren der Wissenschaft. Die Erotiker glauben, dass die Forschungsobjekte ihnen etwas sagen wollen. Die Welt soll nicht unterworfen werden, sondern die Dinge sollen ihr eigenes Recht behalten, dem die Menschen sich anpassen müssen.

Dieser emotional intensive Bezug zu ihren Erkenntnisobjekten zeichnet alle großen Denker aus, seien sie Naturwissenschaftler oder Philosophen oder beides in einem. Für Sloterdijk sind diese Denkenden in einem nachbarschaftlichen und intimen Sinn an die Gegenstände ihres Denkens gebunden. Leben und Lehre müssen zusammenstimmen. Ohne wissenschaftlichen Eros nur blutarme Theorie. Das gilt nicht nur für die Giganten der Wissenschaftsgeschichte, sondern für alle, die auch als kleinere Geister nach Erkenntnis streben, denn Eros ist das personifizierte Streben nach dem Schönen, Guten und Wahren. In dieser Rolle ist er der beste Mitarbeiter der Menschen, die ebenfalls nach Erkenntnis streben. Er ist Motivator, Prozessberater und Maßstab für die Qualität des erreichten wissenschaftlichen Ergebnisses. Wissenschaftliche und/oder philosophische Erkenntnissuche ist zwar verstandesgesteuert, aber lustmotiviert; sie erwächst aus einem Wissen-*Wollen*, aus einem Begehren – dem *wissenschaftlichen oder philosophischen Eros*. Der Erkenntnisprozess ist nicht nur rational, sondern in seinen Höhen und Tiefen auch ein sinnliches Abenteuer, ein beständiges Sich-Entwickeln und Lernen. Ein besonderer Genuss erotischer Erkenntnissuche besteht in der Kooperation mit Gleichgesinnten, im be-geisternden Diskurs, der ein Ausdruck des oben erwähnten Gemeinsinns ist. Das griechische Wort für Geist *nous* kommt von Riechen. Von Eros motivierte Wissenschaftler und Philosophinnen sind Fährtensucher, Pfadfinderinnen; sie haben Spürsinn. Das Wort Lernen ist etymologisch mit List verwandt und bedeutet ursprünglich einer Spur folgen, riechen, schnüffeln. Manchmal kann das zäh, sogar quälend sein, wenn man nicht weiterkommt und sich im Kreis dreht, in die Irre gegangen ist, weil man die Spur verloren hat. Aber auch das ist wiewohl schmerzlich, doch sinnlich. Wer würde sich dem unterziehen, wenn nicht am Ende die Durchbrüche – das *Heureka* des Archimedes (Ich habe es gefunden!) – für alles entschädigt. Das nach aufregender Spurensuche gefundene Ergebnis, die gewonnene Erkenntnis bereitet geradezu Glücksgefühle. Intellektueller Genuss entsteht für die Erkennenden auch dadurch, dass jede Erkenntnis neue Problemhorizonte eröffnet und neue Fragestellungen generiert. Eine größere Einsicht in die Zusammenhänge der Welt erweitert zudem die Handlungsfähigkeit des erkennenden Subjekts. Sie öffnet eine neue Welt, und dabei kann die Erkenntnis eine eigentümliche Schönheit ausstrahlen. Einstein jedenfalls glaubte an die Schönheit einer physikalischen Wahrheit. Auch die Idee, dass der gesamte Kosmos über eine alles erklärende Weltformel verstanden werden kann, gilt in der physikalischen Zunft als eine Form von Schönheit.[129]

Michel Foucault sagte einmal in einem Interview, wer hätte noch den Mut, ein Buch zu schreiben, wenn er vorher wüsste, was am Ende dabei herauskommt.[130] Erregend ist eine solche Buchproduktion jedenfalls nicht. Vermutlich gibt es dennoch solche Autoren; sie sind dann allerdings keine Pfadfinder des Wissens, sondern Buchhalter. Diese Autoren (in der Regel sind es tatsächlich eher Männer als Frauen) sind oft – wie man so schön sagt – knochenharte Empiriker, die mit ungeheuren Aufwand und kompliziertesten Berechnungen Phänomene nachweisen, die man ohnehin schon durch einiges Nachdenken und ausreichend Erfahrung erkannt hatte. Die Bücher, die dabei herauskommen, sind vielleicht wichtig, aber unsinnlich und langweilig, jedenfalls keine Gehirnerotik, keine erotische Theorie, und auch kein Lesevergnügen, kein intellektueller Genuss. Vom erotischen Kraftfeld losgelöst werden Philosophie und Wissenschaft blutleer. Die beste Methode der Erkenntnissuche ist die Liebe zum Wissen, die Leidenschaft für den Gegenstand, die Begeisterung für das Forschen, der Sinn für die Erotik des Denkens und die Ästhetik des Ergebnisses.

Genießende Vernunft

Eros kann Erkenntnis leiten; Sinnlichkeit und Genuss kommen dadurch der Vernunft zugute. Banal ist dabei, dass sich mit leerem Bauch nicht denken lässt. Emotionsbefreite Faktenwissenschaft oder liebende Zuwendung zu den Gegenständen war die gerade erläuterte Alternative. Die Neurobiologie liefert heute die Erkenntnis, dass es reine Vernunft gar nicht gibt. Rationalität ist gehirnphysiologisch immer mit Emotionalität gekoppelt. Deshalb haben *Gefühle* – laut Klaus Holzkamp – *erkenntnisleitende Funktion*.[131] Denn Emotionen sind Bewertungen von Wahrnehmungen im Verhältnis der Handlungsmöglichkeiten, die man dem Wahrgenommenen gegenüber hat. Derselbe Weltsachverhalt, z. B. eine bevorstehende Prüfung, wird bei unterschiedlich gut vorbereiteten Kandidaten unterschiedliche emotionale Reaktionen hervorrufen, die schwanken können zwischen einer gewissen Aufgeregtheit und vollständiger Panik. Sogar dasselbe Subjekt bewertet vergleichbare Situationen zu verschiedenen Zeiten je nach dem Stand der eigenen Handlungsfähigkeit unterschiedlich. Es ist gut, wenn der Verstand auf das hört, was seine Gefühle ihm sagen wollen und daraus seine reflektierten Schlüsse zieht. Aber er kann seine ordnende Funktion erst dann erfüllen, wenn die Sinne das entsprechende Material geliefert haben. Das gilt im Alltag und genauso in Wissenschaft und Philosophie.

Der Geist unterhält intime Beziehungen zum Leib. Deshalb war Friedrich Nietzsche ja der Ansicht, dass mehr Vernunft in unserem Leib ist als in unserer Weisheit steckt.[132] Unser gesamter Organismus denkt, nicht nur der Kopf. Zuerst tobt Dionysos, erst dann klärt Apollon. Der Gott des Weines *Dionysos* steht für die Triebe, die Lust, die Begierde sowie den Rausch und die Zerstörung. Sein Widerpart ist der Gott *Apollon*, der Schöpfung und Ordnung, Kunst, Dichtung und Musik symbolisiert. Wie Nietzsche in der »Geburt der Tragödie« ausführt, hat unser klärender Verstand einen dionysischen Ursprung, ist tief verwurzelt in unseren Trieben und Sehnsüchten.[133] Nietzsche war sogar der Ansicht, dass sämtliche Philosophie nur eine Auslegung des Leibes, im Zweifel ein Missverständnis des Leibes sei.[134] Wie weit die physiologischen Zusammenhänge zwischen dem Leib und dem Verstand im Einzelnen gehen mögen, wir sind gut beraten, unseren Leib zu pflegen, nur das Beste für ihn zu reservieren, wenn wir einen klaren Kopf haben wollen. Die Nächte durchzuarbeiten, neben sich eine Kanne Kaffee und einen vollen Aschenbecher, mag das Heldenimage von studentischen Dissertationsprojekten sein. Eine fröhliche Wissenschaft sieht anders aus. Deren erste Grundlage ist sinnlicher und geistiger Genuss.

Ein anderer bedeutsamer Zusammenhang zwischen Leib und Geist zeigt sich in dem, was wir Inspiration (lat. *inspiratio* = Einhauchung) nennen. Woher kommt der *spiritus*, der Geist, der uns da eingehaucht wird? Michel Onfray verweist in Bezug auf Henry Bergson darauf, dass der Leib der Ort dieser subtilen Dynamik ist.[135] Der Verstand empfängt die Kräfte aus der Gärung, die im Leib des Denkenden vonstattengeht. Die Energien, die die Welt durchziehen, wirken auch in uns. Es bewährt sich, wenn wir auf die Botschaften unseres Leibes hören. Ich habe immer wieder die Erfahrung gemacht, wenn ich beim Denken an einem toten Punkt angelangt war, dass es nutzlos ist, sich weiter zu quälen. Wir müssen das Problem beiseitelegen, spazieren gehen, einen Roman lesen, eine Nacht darüber schlafen. Der Leib wird seine Arbeit verrichten, wenn wir ihn nicht stören. Wenn er soweit ist, wird uns die Lösung aufgehen, aus uns heraussprudeln, als käme sie nicht von uns. Ich habe ganze Seiten dieses Essays geschrieben, ohne eigentlich zu wissen, was ich tat. Die Arbeit war bereits vollbracht; ich hatte das Material nur noch im Nachhinein zu überarbeiten und zu ordnen. Allerdings – das darf man nicht vergessen –, bevor man dem Leib die weitere Arbeit überlassen kann, muss der Verstand seine Frage bis an den Punkt expliziert haben, der zum gegebenen Zeitpunkt möglich ist. Leib und Geist sind Partner bei der Inspiration, nicht Zulieferer und Abnehmer. Den Zusammenhang erkennt man auch an der bis in den Leib reichenden, beglückenden Erregung, wenn die *Inspiration als Be-Geisterung* ihren Durchbruch feiert. Wenn wir beim Denken unseren inneren Neigungen folgen, wird das Ergebnis glücklich ausfallen, schreibt Onfray.[136]

Sinnlichkeit und Genuss befördern schöpferische Leidenschaften und erden die Vernunft im wirklichen Leben. Das wirkt sich positiv auf die Qualität der Erkenntnisse aus. Die Vernunft bestimmt ihre Ziele über die sinnlich-gegenständliche Tätigkeit des Menschen im Rahmen ihres konkreten ethisch grundierten, alltäglichen Lebens. Verstand, Erkenntnis, genussvolle Selbsterfahrung und ethische Praxis bilden die innere Einheit eines individuellen Lebens. Wir müssen dem Genuss, der Lust die Bedeutung verleihen, die ihr tatsächlich im Rahmen eines vernunftgesteuerten Lebens zukommt. Wird der Genuss nicht im Haus der Vernunft zugelassen, dann wird er sich weniger lebensdienliche Realisierungsmöglichkeiten suchen. Vernünftig zu leben bedeutet, einen angemessenen Gebrauch des Genießens zu machen.

Sinnlicher, aber sinnfreier Genuss

Von dem Tag an, wenn wir das erste Wort aussprechen, werden wir in das Netz der gesellschaftlichen Bedeutungen eingesponnen, die uns zunehmend prägen und einengen, bis wir gar nicht mehr unvorbelastet der Welt gegenübertreten können. Kinder können noch staunen, ohne zu wissen. Die meisten Erwachsenen haben das bereits verlernt; sie glauben, zu viel zu wissen – vor allem wissen sie alles besser als ihre Kinder. Das kommt daher, dass die Welt nicht nur Staunenswertes für uns Menschen bereithält, sondern auch Beängstigendes. Das Unbekannte ist auch das Beunruhigende. Einem fremden und befremdenden Phänomen eine Bedeutung zuzuweisen oder erklärt zu bekommen, die das Phänomen in den Kosmos des vermeintlichen Wissens einordnet, wirkt beruhigend, Angst reduzierend. Schon im Paradies gaben Adam und Eva allen Dingen und allen Geschöpfen Namen und machten sie so zu *ihrer* Welt, die sie sich untertan machen sollten – so der göttliche Auftrag. Und im Märchen ist es nicht anders: Als Rumpelstilzchen mit seinem Namen angerufen wurde, verlor er seine Macht. Der Preis dieser Weltbeherrschung durch Versprachlichung ist der Verlust des unmittelbaren Seinskontaktes. Wie kann es uns gelingen, uns – zumindest zeitweilig – aus dem beengenden Netz der vorgefertigten Bedeutungen und Interpretationen zu befreien und den Phänomenen wieder unverstellt gegenüberzutreten – wieder das Sein zu berühren, ohne es schon eingeordnet zu haben?

Die meisten von uns sind die überwiegende Zeit ihres Lebens durch den Arbeitszwang, der schon in der Schule beginnt, in das Korsett der täglichen Bedeutungserledigungen so eingespannt, dass sie kaum noch die Muße finden, sich und die Welt loszulassen, um die reine Phänomenalität der Erscheinungen zu empfangen, was immer sie auch bedeuten mögen, also ohne ihnen einen Sinn überzustülpen. Einigen gelingt im Urlaub etwas Muße, aber oft wird der Leistungszwang nur in zwanghaftes Amüsement übersetzt. Wer wieder einen Zugang zum phänomenalen Erscheinen der Welt haben möchte, muss zunächst einmal auf jede Bedeutungszuweisung, Sinnkonstruktion und einordnende Interpretation verzichten.

Daseinsgenuss

Es ist eine vertrackte Sache. Wir leben in einer überwiegend unverstandenen und undurchschauten Welt; das Meiste verstehen wir nicht. Selbst wenn man das gesamte durch die Wissenschaft produzierte Wissen in der Geschichte der Menschheit nimmt, hat sich 90 Prozent davon im Verlauf der Geschichte als Irrtum herausgestellt. Und wir können sicher sein, dass auch das, was wir heute zu wissen glauben, in 100 oder 200 Jahren nicht mehr gilt. Das Wenige, was sicher scheint, weil es in Zweckzusammenhängen funktioniert, reicht aus, um unser Leben zu bewältigen. Damit geben uns zufrieden und leben in unserer gesellschaftlich und ideologisch vermittelten Alltagsroutine in scheinbarer Normalität dahin, festgefügt durch unsere beruflichen und sonstigen Pflichten, und kommen kaum zum Denken, zum Zweifeln, zum Staunen oder dazu, die Schönheit der Welt einfach nur zu schauen, ohne sie in unsere Verwertungszusammenhänge einzuordnen – kommen kaum dazu zu leben, einfach so, ohne etwas zu machen. Weil dies in unserer Arbeitsgesellschaft in der Regel so ist, haben wir den unmittelbaren Zugang zur Welt und oft auch zu uns selbst längst verloren. Einfach nur das Da-Sein zu genießen, ohne verstehen zu müssen, wie schön wäre das? Wir heben es uns für später auf. Meistens kommt später nie, weil es dann schon zu spät ist. Wie können wir zurückfinden zur Unmittelbarkeit der reinen Empfindungen, ohne Erklärung, ohne Interpretation, ohne Sinn – es einfach nur genießen? Wie können wir das Sein berühren?

Vielleicht wie Jean-Jacques Rousseau, der 1765 aus Paris auf die St. Peterinsel im Schweizer Bielersee floh, weil er sich von seinen ehemaligen philosophischen Weggenossen verraten fühlte. Er ließ alle seine Geschäfte und auch alle seine Bücher zurück, um ausschließlich durch die Natur zu streifen. Später ab 1776 hat er dann seine damaligen Erfahrungen in den »Träumereien eines einsam Schweifenden« zu Papier gebracht:

Woran ergötzt man sich in solchen Situationen? An nichts, was uns äußerlich ist, an nichts außer an uns selbst und an unserem eigenen Dasein, denn solange dieser Zustand währt, genügt man sich selbst wie Gott. Das Gefühl des Daseins erspart uns jedes Getue und ist also an und für sich ein kostbares Gefühl der Zufriedenheit und der Ruhe, das allein genügt, um uns dieses Dasein süß und teuer zu machen, falls man alle sinnlichen und irdischen Eindrücke fern von sich halten kann, die uns ohne Unterlass ablenken

Die Natur ist in der Tat ein geeigneter Ort, um sich selbst zu vergessen und ganz in die Mannigfaltigkeit des Daseins einzutauchen, ohne über Existenzgründe, gesellschaftliche Bedeutungen und den Sinn des Lebens nachzugrübeln. Man überlässt sich einfach im kontemplativen Naturerleben einem sinnlichen, aber sinnfreien Genießen als eine Form von unmittelbarem Glück. Die Bläue des Himmels sei die Bläue des Himmels; man solle bloß nichts hinter den Phänomenen suchen, sie selbst seien bereits die ganze Lehre und das Höchste, hatte schon der Deutschen Lieblingsdichter Johann Wolfgang von Goethe festgestellt.[138]

Dies ist ein äußerst wichtiger Gedanke, denn normalerweise gehen wir bei den Erscheinungen davon aus, dass *etwas* erscheint. Wir unterstellen dem Erscheinen eine Sache, die erscheint, weil wir der Stabilität bedürfen in einer Welt des permanenten Wandels. Woran sollten wir uns (fest-)halten, wenn hinter dem Vergänglichen nichts anderes wäre als Werden und Vergehen? Obwohl dies genauso ist. Alles, was wir dinghaft sehen, ist nichts anderes als energetische Wechselwirkung, die wir als solche nicht erkennen, weil unsere Sinnesorgane dafür nicht ausreichen. Alles, was wir dahinter vermuten, ist unsere

Interpretation, sind unsere Gründe, denn Grundlosigkeit macht Angst. Deshalb brauchen wir Dinge, um uns daran festzuhalten. Wir könnten ja im Nichts versinken. Das reine Erscheinen verweist dennoch auf nichts anderes als auf sich selbst, was bereits den griechischen Philosophen Heraklit (ca. 520–460 v. u. Z.) veranlasst hatte festzustellen, dass alles fließt und wir deshalb nicht zweimal in denselben Fluss steigen können. Die moderne Mikrophysik sieht dies (gegenwärtig) genauso.

Das Verb sinnen bedeutet gehen, reisen, geschehen lassen. Wenn wir sinnen, uns einfach nur unseren Sinnen überlassen, ohne ständig unseren Verstand zwischen uns und die Welt zu schalten, dann können wir erleben, wie die Dualität von Ich und Welt sich in einem einzigen Geschehensstrom auflöst. Wir spüren den Zauber des Da-Seins als Fluss, reines Werden, Genießen ohne Sinn. Wir bedürfen dieser Versöhnung. Wer aber hat schon Zeit, wie Rousseau wochenlang durch die Natur zu schweifen und sich an Blumen und Schmetterlingen zu erfreuen? Man müsste dieses Erleben in seinen Alltag retten können. Aber gibt es dort überhaupt ein reines Erscheinen? Alles hat doch seine Bedeutung, manchmal eine lebenswichtige.

Wir glauben, gut Bescheid zu wissen, wir haben gelernt, unsere Erfahrungen gemacht, einen manchmal schmerzhaften Preis dafür bezahlt. Jetzt stehen wir unseren Mann oder unsere Frau, kommen mit dem Leben zurecht, haben Erfolg, der bestätigt, dass wir Recht haben. So geht es weiter – ein sich selbst verstärkender Prozess. Was dabei durchs Raster fällt, kriegen wir nicht mit. Oder es langweilt uns, weil wir es für unwichtig halten. Es entgeht unseren Erfahrungsmustern, die wir mühsam erworben haben, um Ordnung in die überwältigende Vielfalt einer weitgehend unverstandenen Welt zu bringen. Mit unseren Erfahrungen ist es allerdings so eine Sache. Auf der Basis unserer Erfahrungen lernen wir, die Welt zu verstehen. Wir glauben, Ursachen und Gründe zu erkennen, die bisher Unverstandenes verständlich machen. Auf der Basis unserer Erfahrungen bilden wir Erklärungsmuster, die dann für die Interpretation neuer Wahrnehmungen zur Verfügung stehen. Das Neue wird so ins Alte eingeordnet – und verliert im scheinbaren Verstehen seinen Reiz als Neues. Das ist die Crux: Unsere Erfahrungen machen uns zugleich handlungsfähiger und blind. Vielleicht kommt Vernunft ja von vernehmen, und wir müssten wieder lernen, neu hinzusehen, hinzuhören, hinzuriechen, hinzuschmecken, hinzufassen – wie ein Kind. Wer will das schon als Erwachsener? Dennoch, ohne die Fähigkeit, uns wieder selbst zu überraschen, rutscht uns das Dasein durch die Finger. Die Sehnsucht bleibt, manche spüren sie noch. Kann es eine wiedergewonnene heimatliche Unmittelbarkeit zweiter Ordnung geben, wo der Genuss direkt ist, einfach so, ohne durch irgendwas getrübt, nur Daseinsgenuss?

Hier komme ich auf die oben bereits angekündigten Reflexionen zum Unerhörten von François Jullien zurück.[139] Das Unerhörte ist bei ihm nicht das Außergewöhnliche, Sensationelle. In seiner Theorie ist es das Alltäglichste überhaupt, das wir ständig vor Augen haben und deshalb nicht mehr sehen. Das, was wir tausendmal gehört haben und nicht mehr hören können. Es ist das unter unserem Alltag Verschüttete, das wir aber aus unserem versandeten Leben wieder ausgraben können. Um zum Unerhörten,

d. h., zum Ephemeren, Flüchtigen wieder Zugang zu bekommen, müssen wir den Sinn zum Schweigen bringen. Stattdessen müssen wir Lauschen, aber nicht auf die Sprache, sondern auf den Klang der Welt, und Schauen, Riechen, Schmecken, Fühlen, ohne zu interpretieren, um das unermessliche Einzelne, das wir in ihr entdecken können, wirklich wahrzunehmen. Wir müssen das Phänomenale von jeder Intentionalität befreien.[140] Das Gras ist grün, der Himmel blau, die Sonne wärmt, der Schnee ist kalt. Die Philosophen wundern sich darüber, *dass* etwas ist und nicht nichts. Vielleicht ist das Wunder aber nicht, dass etwas ist, sondern *wie* etwas ist – in reiner Phänomenalität, in seiner eigentümlichen Schönheit. So verstanden, wäre das Unerhörte das, worum sich unaufhörlich unser Leben dreht. Im Grunde sei einzig das Unerhörte von Interesse, meint Jullien, denn von dem, was bereits gehört und in unsere Register eingeordnet ist, haben wir nichts anderes zu erwarten als ein weiteres Wiederkäuen.[141]

Wie kann es gehen: das Sein zu berühren? Um sich einem Verstehen anzunähern, kann man auf den Gedanken des mimetischen Verhaltens zurückgreifen, den Theodor W. Adorno vielfach in seinen Schriften ausgeführt hat. *Mimesis* ist ein Verhalten zur Realität diesseits der fixen Gegenüberstellung von Subjekt und Objekt, in dem sich das Subjekt dem wahrgenommenen Objekt angleicht.[142] Als Affinität des Subjektes mit der Welt ist Mimesis eine Form der nichtbegrifflichen Erkenntnis. Es gibt sie in der Natur, z. B. wenn Tiere sich dem Aussehen von Pflanzen angleichen, um von Fressfeinden nicht erkannt zu werden; die Biologie nennt es hier *Mimikry*. Mimetisches Verhalten findet man auch bei archaischen Völkern, z. B. wenn sie versuchen,

Naturkräfte oder Geister in schamanischen Ritualen zu bannen. Im Rationalisierungsprozess unserer Zivilisation wurde mimetisches Verhalten abgewertet und verdrängt. Bei der Mimesis handelt es sich um ein sinnliches Erkennen, das anderes und anders erkennt als das rationale, weil bei ihr die Trennung von Subjekt und Objekt in einem Sich-der-Welt-ähnlich-Machen überwunden wird. Es geht um eine Art Anverwandlung an ein anderes. Damit kein Missverständnis entsteht: Es geht nicht darum, sich an entfremdete gesellschaftliche Verhältnisse kritiklos anzupassen. Stattdessen geht es um ein unverstelltes Aufnehmen des Erscheinenden ohne Interpretation und vorschnelle Einordnung. Man tritt der Welt in allen ihren Formen zunächst einmal offen, sensibel wahrnehmend und fühlend gegenüber und versucht, indem man nicht die Welt an sich, sondern sich der Welt assimiliert, herauszufinden, was das Wahrgenommene in seinem Eigenrecht ist. Es geht darum, die Zwischentöne zu hören, die im rationalen Weltkontakt untergehen. Den Verstand heben wir uns in diesem Moment für später auf, wenn wir aus dem Abstand darüber nach-denken.

Dieses Sich-der-Welt-Angleichen in einer Art Auflösung des Ich, indem man sich dem Geschehen übereignet, ohne es zu kontrollieren und zu steuern, habe ich für mich immer *similieren* genannt (vom lat. as*simulare* = ähnlich machen). Die chinesische Philosophie, die kein Sein kennt, nennt diesen reinen Geschehensfluss *dao*, üblicherweise mit Weg übersetzt. Es ist das, was ohne Ursache geschieht und sich in reinem, grundlosem Erscheinen zeigt, das ewige Werden. Die Voraussetzung des Similierens ist, dass man zweifach Abstand nimmt: erstens von

Verstandeskategorien, mit denen man die Welt in ihrem unmittelbaren Erscheinen sofort überzieht, und zweitens von sich selbst, von seinem Selbst, das man in eine Identität eingemauert hat. Similieren erfordert also eine doppelte Loslösung. Es ist einerseits das Sich-Angleichen an ein anderes und andererseits ein Hineinnehmen des anderen ins Selbst, das sich dadurch entselbstet, selbst ein anderes wird. Ich ist ein anderer, hatte Arthur Rimbaud am 15. Mai 1871 an Paul Demeny geschrieben, ich lausche ihm.[143] Wir können dies in der Natur erleben, aber auch in der Begegnung mit Tieren und anderen Menschen. Dadurch haben wir die Chance, etwas zu vernehmen, was unserem verstandesmäßigen, analytischen Begreifen entgeht: das Abseitige, Feine, Leise, Nichtintegrierte, Nichtidentifizierte, Nichtinterpretierte, Nichtidentische – das, was Jullien das Unerhörte nennt.

Gelänge uns dieser Zugang zum Unerhörten, es wäre eine unschätzbare Ressource unseres Lebens. Wir wären wieder aufmerksam für das, was uns im Alltag entgeht. Wir würden achtsamer mit den Dingen umgehen, die uns umgeben. Wir könnten Menschen einfach zuzuhören, ohne das Gesagte oder sogar sie selbst gleich einzuordnen. Wir bekämen einen neuen Zugang zu uns selbst, zu unserem eigenen Abweichenden. Fremdem und Fremden gegenüber wären wir toleranter, aufgeschlossener, interessierter. Wir wären gastfreundlicher. Wir wären sensibler gegenüber Leid in jeder Form – bei Menschen, Tieren und sogar bei Pflanzen, denn neuste Forschungsergebnisse legen nah, dass auch diese eine unserem Schmerzempfinden analoge Reaktion auf Verletzungen zeigen. Wir wüssten das Wunder des Lebens wieder wertzuschätzen und könnten vorbehaltlos das Sein genießen. Wir wären allerdings verletzlicher, weil wir die Welt dicht an uns heranließen, aber wieder offen für die unendliche Vielfalt, die das Leben bietet.

Sexueller Genuss

Um es gleich am Anfang zu sagen: In diesem Abschnitt geht es um Sex. Nicht um Liebe, die wurde bereits weiter vorn im Abschnitt Liebe und Freundschaft behandelt. Nur um Sex – reinen Sex! Empfindliche Gemüter seien also gewarnt. Sex ist ein Naturtrieb und eines der köstlichsten Vergnügen und eine nahezu unerschöpfliche Quelle des Genusses – und dazu sogar noch kostenlos und gesund. Unter Erwachsenen im Einvernehmen und ohne einseitige Abhängigkeit und jenseits professioneller Dienstleistung vollzogen ist Sex amoralisch und sinnfrei. Dass Sex mit Liebe gepaart sein *muss*, ist falsch verstandene Romantik, Kitsch. Kontaminiert wird er von außen durch religiöse Sittenwärter oder andere Moralapostel, die uns den Spaß verderben wollen. Sex ist Transgression des Ich, Selbstauflösung, eine Art Transzendenzerleben. Sex und Liebe haben nichts miteinander zu tun. Es schadet nicht, wenn man seinen Sexpartner oder seine Sexpartnerin liebt, aber bitte nicht zur gleichen Zeit. Es heftig miteinander zu treiben und sich dabei romantisch-innig tief in die Augen zu sehen, ist so gut wie unmöglich. Es würde den Spaß verderben. Jedes zu seiner Zeit. Äußere ethische Minimalbedingungen sind allerdings rechtliche Gleichheit, Gleichberechtigung in Gegenseitigkeit und Freiheit der

Entscheidung. Wenn er nicht der Fortpflanzungsfunktion dient, hat Sex nur die Bedeutung: reines Begehren und Lust. Liebe ist also nicht zwingend, Sympathie der Beteiligten in der Bedeutung des griechischen Wortes, also der gemeinsamen Leidenschaft (*sym-pathos*), allerdings schon. Am besten funktioniert Sex, wenn er im Vollzug pur genossen wird. Religiöse und moralische Beschränkungen sowie innere Verklemmung sind schädlich. Dann kann es kein Genuss werden. Um den sinnfreien Genuss von Sex soll es nun im Weiteren gehen. Das Weiterlesen geschieht deshalb auf eigene Gefahr.

Beginnen wir nach dieser Vorbemerkung also gleich hardcore mit Immanuel Kant:

Geschlechtsgemeinschaft (commercium sexuale) ist der wechselseitige Gebrauch, den ein Mensch von eines anderen Geschlechtsorganen und Vermögen macht. [144]

Denn der natürliche Gebrauch, den ein Geschlecht von den Geschlechtsorganen des anderen macht, ist ein Genuß, zu dem sich ein Teil dem anderen hingibt. In diesem Akt macht sich ein Mensch selbst zur Sache, welches dem Rechte der Menschheit an seiner eigenen Person widerstreitet. Nur unter der einzigen Bedingung ist dieses möglich, daß, indem die eine Person von der anderen, gleich als Sache, erworben wird, diese gegenseitig wiederum jene erwerbe, denn so gewinnt sie wiederum sich selbst und stellt ihre Persönlichkeit wieder her. [145]

(Immanuel Kant)

Und der gute Mann hat Recht, obwohl er selbst in seinem Leben vermutlich nie Sex hatte; verheiratet war er auch nicht. Sexualität ist das Begehren, das ein Mensch für einen anderen Menschen in seinem fleischlichen und geschlechtlichen Sein empfindet. Sex ist der Genuss eines anderen Körpers inklusive der dabei am eigenen Leib genossenen Lust. Dies gilt wechselseitig. Ich unterscheide Leib und Körper; ersterer wird subjektiv von innen erlebt, Letzterer gegenständlich von außen erfahren. Mein Leib bin ich in meiner sinnlichen Empfindungsfähigkeit. Der/die andere ist für mich Körper; sein/ihr Leib ist mir als von ihm/ihr selbst empfundener nicht zugänglich. Beim Sex begehren wir den anderen oder die andere als Körper, nicht als Seele. Bei der Liebe ist es andersherum. Guter Sex ist freiwillig, also frei und willig, hemmungslos und genussvoll, sinnlich, aber sinnfrei.

Sex ist der tierischste unserer menschlichen Genüsse. Beim Sex ist der/die andere Mittel und Objekt des eigenen Genusses und das wechselseitig. Es ist gerade die Tatsache, sich dem/der anderen als Objekt und Mittel anzubieten und ihn/sie ebenso zu behandeln, die die Lust und den Genuss ausmacht. Das ist moralisch keinesfalls verwerflich, wenn es im gegenseitigen Einverständnis geschieht. Sex ist das Vermögen, die eigene Leiblichkeit zu genießen und dem anderen Körper Genuss zu bereiten. Er ist eine unmittelbare Erfahrung des eigenen natürlichen Seins, die reine Freude an der eigenen Leiblichkeit, die man in unserem vergesellschafteten Leben kaum noch woanders machen kann, höchstens – wie gerade im vorherigen Abschnitt aufgezeigt – im kontemplativen Daseinsgenuss, den viele auch erst wieder erlernen müssen. Den Sex zu verdammen heißt, die natürliche Leiblichkeit, ja das Leben zu verdammen.

Der Geist würde beim Sex nur stören; wer beim Sex nachdenkt, bringt sich um das Vergnügen. Sex ist die Apologie unserer Physis, die alleinige Wirklichkeit des Leibes, die Auferstehung des Fleisches im Diesseits. Sex ist Selbstzweck und verkörpert reine Positivität – ein Lebenselixier! Sexuelles Beisammensein ist Kommunikation, aber keine sprachliche, sondern eine direkte Kommunikation der Leiber, ohne den Umweg über Sinn und Bedeutung. Wir müssen uns dem Strom der lüsternen Leiber überlassen, denn sie wissen, was sie tun. Die fünf Sinne übernehmen die Regie. Die Kommunikation ist rein sinnlich, ist Fühlung des Fleisches, Feuchtigkeit der Leiber, Mischung der Säfte, Atmung der Gerüche, ekstatisches Stöhnen, schreiende Lust.

Von der Materie läßt sich die Lust *nicht absondern. Die materielle Lust ist nichts weiter als sozusagen, die* Freude der Materie an sich selbst, die sich selbst bestätigende *Materie. [...] Die* nicht heuchlerische, *nicht verstellte – die offenherzige, aufrichtige Anerkennung der Sinnlichkeit ist die Anerkennung des* sinnlichen Genusses.[146]

(*Ludwig Feuerbach*)

Im vorherigen Abschnitt wurde *Mimesis* als das Bedürfnis beschrieben, sich an das andere zu verlieren, sei es die Natur, der andere Mensch oder insgesamt die durch den Zivilisationsprozess unterdrückte und verfemte Unmittelbarkeit des Seins. Dieses mimetische Bedürfnis, das im Menschen als Sehnsucht nach Ich-Auflösung weiterlebt, drückt sich auch aus im sexuellen Begehren, sich an den oder die andere in völliger Hingabe zu verlieren.

Sex ist ein sinnliches, *Erotik* ein geistiges Vergnügen, das Begehren nach dem Schönen, haben wir vorn in Platons Symposium gelernt. Erotik ist also ein reflexives, d. h., kultiviertes und ästhetisiertes, Begehren, nicht der sexuelle Vollzug selbst. Sie ist eine eigene Quelle des Genusses – vor, nach oder unabhängig vom Sex. Erotik kann als Kunst, Begehren zu erregen, zum Sex anreizen, im Vollzug schweigt sie. Erotik ist appetitanregend, nicht die Mahlzeit. Sie macht Appetit auf den Genuss des anderen Menschen, wobei jeder ein Genuss für den Appetit des anderen ist, wusste wieder unser sexueller Kostverächter Kant zu berichten.[147] Erotik und Sex können allerdings spielerisch kombiniert und kultiviert werden und so den Genuss noch steigern. Welche Spiel-Arten dabei verfolgt werden, darüber entscheiden die Beteiligten ohnehin selbst. Beide – Erotik und Sex – sind Teil eines guten Lebens, das für die meisten ohne sie wohl nur schwer vorstellbar ist.

Eros
O, ich liebte ihn endlos!
Lag vor seinen Knie'n
Und klagte Eros
Meine Sehnsucht.
O, ich liebte ihn fassungslos.
Wie eine Sommernacht
Sang mein Kopf
Blutschwarz auf seinen Schoß?
Und meine Arme umloderten ihn.
Nie schürte sich mein Blut zu Bränden,
Gab mein Leben hin seinen Händen,
Und hob mich aus schwerem Dämmerweh.

Und alle Sonnen sangen Feuerlieder
Und meine Glieder
Glichen
Irregewordenen Lilien.[148]

(Else Lasker-Schüler)

Zu einer Ethik des Lebens

Den Sinn *des* Lebens gibt es nicht, so waren wir bisher verblieben. Das Leben lebt – sonst nichts. Darüber, wie es entstand und was es ist, herrscht Unklarheit bzw. gibt es vielfältige Definitionen. Obwohl sich die Wissenschaft seit Jahrhunderten mit der Frage nach dem Leben auseinandersetzt, gibt es immer noch keine Standarddefinition, konstatiert der Biologe und Nobelpreisträger Paul Nurse noch 2021.[149] Der Chemiker Noam Lahav hatte bereits 1999 fünfzig unterschiedliche Definitionen aufgelistet.[150] Der Minimalkonsens besteht darin, dass Leben Metabolismus (Stoffwechsel) und Autopoiese (Selbstreproduktion) ist. Weitergehende Vorstellungen sehen nicht nur Menschen, Tiere und Pflanzen, sondern auch noch all die unzähligen Mikroorganismen als belebt an. Manche Ökologen (und fast alle so genannten Naturvölker oder deren heutige Nachkommen) beziehen auch Gewässer und Flüsse ein. Eine inzwischen unter dem Namen *Gaia* (die griechische Muttergöttin der Erde) populär gewordene Theorie betrachtet unseren Planeten insgesamt als einen lebenden Superorganismus. Die umfassendste Vorstellung des Lebens, die z. B. von dem Astrophysiker Hans-Peter Dürr oder der Physikerin Karen Barad vertreten wird, bezieht sich auf das gesamte Universum und beschreibt die Materie an sich als lebendige Potenzialität.[151] Unstrittig ist heute, dass das menschliche Leben nicht als Besonderheit hervorsticht, sondern Teil des gesamten Lebensnetzes unserer Erde ist, verbunden mit allem und ohne diese Verbundenheit nicht lebensfähig. Allen diesen Vorstellungen ist gemeinsam, dass sie das Leben von außen betrachten und objektiv-wissenschaftlich erklären wollen.

> *Kann mir einer sagen, wohin*
> *ich mit meinem Leben reiche?*
> *Ob ich nicht auch noch im Sturme streiche*
> *und als Welle wohne im Teiche,*
> *und ob ich nicht selbst noch die blasse, bleiche,*
> *frühlingsfrierende Birke bin?*[152]
>
> (*Rainer Maria Rilke*)

Subjektiv gelebtes Leben und ethische Verantwortung

Es gibt aber noch eine zweite Seite der Angelegenheit. Wir, die Menschen, als mit (Selbst-)Bewusstsein begabte Lebewesen, kennen das Leben auch von innen, als subjektive Erfahrung. Wir wissen, wie es sich anfühlt, lebendig zu sein, auch wenn wir es kaum beschreiben können. Gefühltes Leben ist Atmen, ist Hunger und Durst. Wir fühlen es als Lust und Schmerz, als Wärme und Kälte, als Spannung und Entspannung, als erregende Neugier, aber auch als einschnürende Angst. Ein besonders intensives Gefühl der eigenen Lebendigkeit ist das sexuelle Begehren. Auch im Spiel und im gemeinsamen Fest mit anderen fühlen wir uns lebendig. Nicht zuletzt daraus wird deutlich, dass man seine eigene Lebendigkeit insbesondere in Beziehungen erlebt: zu anderen Menschen, insbesondere zu (den eigenen) Kindern, zu Tieren, zur äußeren Natur, zu besonders wertgeschätzten Dingen, aber auch zu sich selbst.

Das Gefühl der Lebendigkeit ist ein leibliches Empfinden, denn wir sind zunächst und grundlegend lebendiger Leib, ein sinnlich wahrnehmender und erlebender Organismus, lange bevor wir zu denken anfangen und auch später noch, wenn wir wie Descartes das Ich mit dem Denken, unserem Verstand identifizieren: *cogito ergo sum* – ich denke, also bin ich. Der Leib ist unser wahres Selbst, meinte hingegen Nietzsche. Leiblich nehmen wir unsere Position in der Welt ein, aber anders als ein Ding, das irgendwo rumsteht. Wahrnehmende, verletzbare Leiblichkeit ist der primäre Modus unseres In-der-Welt-Seins, unseres Welt-Seins.

Jede Ethik braucht ein *summum bonum*, ein höchstes Gut, das ihr als Fixstern dient bei der Navigation durch die Widrigkeiten und Widersprüche des alltäglichen Lebens, mit ihren sich oft wechselseitig ausschließenden Anforderungen. Seit Gott nicht mehr allgemein als höchster Wert zur Verfügung steht, bleibt kein höherer Wert als das Leben selbst. *Der Sinn des Lebens ist das Leben*, sein Erhalt, seine Pflege, sein Genuss. So hatte ich das *summum bonum* in meiner Ethik des gelingenden Lebens aus unserer Naturkonstitution abgeleitet.[153] *Jedes* Leben, nicht nur unser menschliches, genießt sich in seiner eigenen Lebendigkeit; und Lebendigkeit zeigt sich in beständiger Transformation und Überschreitung. Als Menschen fragen wir allerdings über den Genuss hinaus nach einem Sinn und der kann nur in der Verantwortung liegen, die wir für das Leben als Ganzes übernehmen.

Eine *Ethik des Lebens* bedeutet, den Bereich der menschlichen Gerechtigkeitsansprüche so weit auszuweiten, dass die gesamte Naturgeschichte und das gesamte sich auf natürliche Weise reproduzierende Leben, dessen Teil und Beteiligte wir Menschen sind, einbezogen wird. Diese Verantwortung für das Leben drückt sich in der praktischen Sorge aus, die wir für uns, für unsere Mitmenschen, für unsere Gesellschaft und für die mehr als menschliche Welt, die alles Lebendige umfasst, übernehmen. Die Sorge bezieht sich auch auf den pfleglichen und nachhaltigen Umgang mit der Dingwelt, die wir uns geschaffen haben.[154] Die Sorge ist ein Existenzial des menschlichen Daseins, so drückte es Heidegger aus. Sie kann selbst genussvoll sein, z. B. im Zusammensein mit anderen oder in einer gesunden Ernährung. Sorgeverhalten hat aber auch belastende Seiten, z. B. in der Pflege kranker Familienmitglieder. Wenn also die Sorge grundlegend für eine bewusste ethische Lebensführung ist, dann brauchen wir als Ausgleich für die belastenden Seiten auch eine Zeit der Sorglosigkeit. Dies ist die Zeit des Genießens, die die Zeit der Sorge komplementär ergänzt, darauf hat Wilhelm Schmid hingewiesen.[155] Sorge und Genuss bilden die zwei zusammenhängenden Seiten der Ethik des Lebens. Sorge ist die produktive Seite der Gestaltung und Pflege der Lebensbedingungen in einer mehr als menschlichen Welt; hier erleben wir Sinn. Genuss ist die vital-lustvolle Seite unseres Lebens; hier erleben wir Daseinsfreude.

Genuss als Empfindung geht im Augenblick auf, Sinn aber übergreift den Augenblick. Dauerhafter Genuss würde das Besondere der Situation zerstören, wenn er überhaupt physiologisch möglich wäre. Unablässiges Sorgehandeln ohne sorglosen Ausgleich, z. B. im Spiel, würde uns überfordern. Sorge und Genuss gehören zusammen. In beidem erleben wir unsere Lebendigkeit. Wieder können wir sehen, dass sinnvolles und genussvolles Leben eine Einheit in der Differenz bilden. Verliert der Genuss die Verbindung zum Sinn, wird er zerstörerisch, zur Sucht. Verliert der Sinn den Kontakt zum Genuss, wird er zur blutarmen moralischen Pflicht, im Extrem totalitär; Sinn wird dann zu Ideologie. Menschen, die Freude am Leben empfinden und ihre eigene Lebendigkeit genussvoll mit anderen Lebewesen teilen, haben keine Veranlassung, Schlechtes zu wollen oder anderen zuzufügen.

Eine Ethik des Lebens muss in der subjektiven Erfahrung der eigenen Lebendigkeit ihren Ausgangspunkt nehmen. Denn wir dürfen skeptisch sein, ob ein rein rationales Verständnis von Ethik zu einem entsprechenden moralischen Verhalten führt. Der Genuss der eigenen Lebendigkeit ist die emotional-motivationale Grundlage, um sich verbunden mit allen Spezies zu erfahren und Verantwortung für alles Lebendige zu übernehmen. Trotzdem ist das Gefühl der eigenen Lebendigkeit noch viel zu unmittelbar, um sich direkt in verantwortliches Handeln umzusetzen. Es ist zwar die unabdingbare Voraussetzung, aber selbst noch kein aktives Handeln. Dazu bedarf die Ethik des Lebens noch eines weiteren Schrittes. Wir Menschen sind ja nicht nur empfindender Leib, sondern auch denkender Geist; wir verfügen über ein entwickeltes (Selbst-)Bewusstsein. Mit dessen Hilfe können wir unserem vegetativen Am-Leben-Sein einen Abstand entgegensetzen, um aus der Distanz zu uns und zu unserem In-der-Welt-Sein eine reflexive Position einzunehmen, was andere Tiere nicht können. Diese Distanzierungsmöglichkeit schützt uns davor, in unverstandenes und dumpfes Einverstandensein aufzugehen.

Abstand halten

François Jullien hat in seiner Ethik der Existenz aufgezeigt, wie das geht.[156] Als nicht nur lebende, sondern als existierende Wesen können wir aus unserem Sich-außerhalb-Stellen (lat. *ex-istere*) eine eigenständige Subjektposition entwickeln. Leben ist unmittelbar, Existieren ist reflexiv. *Existieren* heißt, aus der unverstandenen Unmittelbarkeit des Lebens herauszuragen. Wir können unseren Verstand dazu nutzen, uns rückwirkend infrage zu stellen und genau abzuwägen, worin und wie wir unsere Kraft investieren wollen. Einfach nur zu leben, birgt die Gefahr in sich, in seinen Gewohnheiten zu versinken, zu tun, was angesagt ist, sich anzupassen an eine vermeintliche Normalität, irgendwann seine eigene Angepasstheit gar nicht mehr zu spüren und in einer Art wunschlosem Unglück dahinzudämmern, aus dem dann nur noch sporadische Kicks für kurze Zeit erwecken – seien es Alkoholexzess auf dem Ballermann oder Partydrogen im Techno-Club. Ein Sich-Loslösen aus der unreflektierten Alltäglichkeit, auch der der beruflichen Routine, bringt einen allerdings unweigerlich in eine Fremdheitsposition zu allen und allem, was ordentlich eingefügt ist. Das kann auch einsam machen, denn aus der Perspektive der Passförmigen erscheint dies als mindestens abweichendes, wenn nicht provozierendes, ver-rücktes Verhalten. Erst der *Abstand* ermöglicht uns eine *bewusste Existenz* jenseits unreflektierter Unmittelbarkeit, jenseits ideologischer Einladungen zur Normalität, jenseits der Banalität des Alltags, jenseits verdummenden Konsums und sinnloser Zerstreuung, sogar jenseits unserer eigenen Wünsche, dazugehören zu wollen.

Hingegen ermöglicht uns der Abstand, bewusst zu entscheiden, in wen und was wir unsere Kraft investieren wollen. Das Leben ist zu kurz, um es zu vergeuden.

Jullien versteht seine Ethik der Existenz daher als Fähigkeit, sich zu entziehen und sich außerhalb zu halten, außerhalb der auferlegten Bedingungen, denen man sonst unterworfen ist.[157] Seine Ethik der Existenz ist eine Strategie, aus dem Kontrollbereich, in den man eingepfercht ist, auszubrechen, die unmerkliche Versandung des Lebens im Alltag zu überwinden. Man öffnet sich wieder für das Unvorhergesehene, Nichtintegrierte, Unerhörte oder – in Adornos Terminologie – das Nichtidentische. Mit anderen Worten: Es geht um die eigene Öffnung für die Alterität, für das andere von mir und das andere in mir, mein *eigenes* Nichtidentisches. Dies versetzt das Leben wieder in Spannung. Das Subjekt tritt wieder hinaus ins Offene. Es handelt sich um eine Ethik der Förderung, der wiedergewonnenen Autonomie der Subjekte, eine Ethik des Aufschwungs. Es geht darum, die Initiative für das eigene Leben wieder selbst in die Hand zu nehmen, um eine Umkehr ins Leben, das wieder ein lebendiges, schöpferisches wird. Die Bejahung des Lebens ist dafür die Voraussetzung – Nietzsches großes Ja!

Der *Tod* hingegen ist das große Nein! Der Tod ist der radikale Bruch: Ein Ab-Bruch des Lebens. Man kann den Tod nicht ins Leben integrieren. Das Leben ist auch kein Vorlaufen zum Tod, wie Heidegger meint. Der Tod ist das absolute Gegenteil des Lebens. Aus dieser Tatsache kann man nur eine Konsequenz ziehen: Man muss täglich riskieren zu leben, täglich den Bruch wagen mit der so bequemen Konformität, mit den einschränkenden, uns zugeteilten

Bedingungen, die unsere Lebendigkeit einschläfern und uns so vom Leben abhalten, indem sie uns in eine öde Banalität kleben. Man kann den Tod nicht integrieren, aber die eigene Endlichkeit bedenken. Die Tatsache des Todes ist der Aufruf zur Befreiung aus der Versandung des eigenen Lebens, zur (Wieder)Gewinnung von Lebendigkeit. Unser Leben ist zu oft in kodifizierte Ordnungen und vorgestanzte Denk- und Erfahrungsmuster eingespannt. Die Aufgabe des gedanklichen Hineinnehmens des Todes in unser Leben ist es, uns an die Einzigartigkeit und Besonderheit des Lebens zu erinnern, unsere Lust zu leben zu befördern. Zum Tod haben wir einen absoluten Abstand. Wir werden ihn niemals kennen, denn solange wir leben, ist der Tod nicht da; und wenn wir tot sind, sind wir nicht mehr da. Allerdings erleben wir den Tod anderer, geliebter, uns nahe stehender Menschen. Dem dürfen wir nicht ausweichen; erstens, um sie im Sterben nicht allein zu lassen, und zweitens, um uns daran zu erinnern, dass wir lebendig sind und das Leben trotz des Verlustes noch genießen können. Dafür können wir demütig und dankbar sein. Dem Tod setzen wird am besten dadurch etwas entgegen, dass wir unser Leben nähren, d. h., unsere Vitalität stärken, z. B. dadurch, dass wir immer wieder Neues in unser Leben aufnehmen und uns so lebendig halten. Das Sterben allerdings können wir lernen, am besten dadurch, dass wir richtig leben, um, wenn unser Ende gekommen ist, lebenssatt und versöhnt sterben zu können. Das war schon die Weisheit von Epikur und den altgriechischen Hedonisten.

Ethischer Hedonismus

Hedonismus ist in der bürgerlichen Gesellschaft, die bei ihrer Kontrolle der Individuen auf deren Selbstkontrolle angewiesen ist, nicht gern gesehen. Allerdings frönen viele einem falsch verstandenen Hedonismus in ihrer Frei-Zeit, in der sie nicht frei, sondern abhängig vom Konsum sind. Aber bitte nur in den von der Kulturindustrie bereitgestellten Bereichen – nicht als Lebenskonzept. Wo würden wir hinkommen, wenn jeder und jede nur täte, wozu er bzw. sie gerade Lust hätte? Wer täte dann, was er respektive sie soll? Lust war für eine Gesellschaft, die ihre Subjekte (im Wortsinn: ihre Unterworfenen) zu kontrollieren versucht, schon immer ein gefährliches Konzept. Bereits Platon polemisierte gegen die Epikureer. Wer würde die Arbeit machen, wenn sich alle immer nur vergnügen wollten? Daher ist Moral in der bürgerlichen Gesellschaft in erster Linie Arbeitsmoral, stellte Theodor W. Adorno fest.[158] Die Moral der Arbeit ist eine Sklavenmoral, präzisierte ergänzend Bertrand Russell.[159]

Auch Herbert Marcuse analysiert, dass Arbeit nach dem Leistungsprinzip den Menschen von sich entfremdet.[160] Entfremdete Arbeit bestimmt im hohen Maß die den menschlichen Trieben auferlegten Forderungen. Nun ist es im spätmodernen Kapitalismus allerdings nicht mehr so, dass von den Arbeitenden ein Triebverzicht gefordert wird. Im Gegenteil, die Triebe werden angereizt und in den Dienst einer konsumistischen Gesellschaft gestellt. Die Arbeit selbst darf allerdings nach wie vor nicht wirklich lustgesteuert sein. Dass mit ihr Selbstverwirklichung verbunden sein soll, ist motivationsförderliche Ideologie, nur in wenigen Fällen sinnvoller Arbeit Realität. Das habe ich oben im Abschnitt über Arbeit und Muße ausgeführt. Marcuse will die Triebe von der repressiven und manipulativen Rationalität, in die sie eingespannt sind, befreien, um die libidinöse Sinnlichkeit als Energie für schöpferische Tätigkeiten in einer reifen Zivilisation mit einer neuen Kulturform zu nutzen. In einer von Naturbeherrschung und Arbeitszwang befreiten Gesellschaft müsste auch die innere Natur nicht beherrscht werden. Triebverzicht beim Ernst des Lebens und regressive Triebabfuhr im Spaß-Space wären nicht mehr erforderlich, und die Menschen könnten das Leben mehr und besser genießen.

Jegliches bewusste Handeln beruht auf Wertungen, die vorgenommen werden müssen, um Entscheidungen treffen zu können. Lässt man sich durchs Leben treiben, bleiben die impliziten Wertungen unbewusst. Die Bewertungsgrundlage alles Lebendigen ist eine Lust/Unlust-Differenzierung, die unmittelbar wahrgenommen wird. Das gilt – wie oben im Abschnitt über die Werte ausgeführt – von der Amöbe bis zum Menschen. Man könnte von einem *vegetativen Hedonismus* sprechen, etwas, das spontan aus dem Leben selbst erwächst. Für das Leben ist es unmittelbar lebensdienlich, sich am Förderlichen zu orientieren und Schädlichem auszuweichen. Diese Lust/Unlust-Bewertung ist auch die Grundlage für unser Genießen. Wenn Letzteres gekoppelt mit der Sorge in ethischer Verantwortung geschieht, ist gegen einen so verstandenen, ethischen Hedonismus nichts einzuwenden. Schließlich bedeutet das griechische Wort *hedone* nichts anderes als Lust, Freude, Vergnügen. Was soll daran schlimm sein?

Aber schon zur Zeit der Erfindung des Hedonismus im antiken Griechenland waren die Philosophen, die die Lust als höchstes Gut betrachteten, bei den Vernunftphilosophen, allen voran Platon, schief angesehen. Das war auch damals schon ein rationalistisches Vorurteil, denn die Begründer des Hedonismus waren – soweit das Wenige, das von ihnen bekannt ist – allesamt keine Vergnügungssüchtigen, sondern ernstzunehmende Philosophen, die sich um das höchste anzustrebende Gut und die ethischen Konsequenzen für ein gutes Leben der Menschen Gedanken machten. Epikur wurde schon angesprochen und ich komme auf ihn zurück. Aber auch er hatte Vorläufer. Wie Malte Hossenfelder aufzeigt, waren das vor allem Eudoxos von Knidos (398–345 v. u. Z.) und Aristippos von Kyrene (435–360 v. u. Z.).[161] Eudoxos begründete gegen Platons *eudaimonia* (die Glückseligkeit des guten Lebens in der Polis) die *Lust* als höchstes Gut, und zwar mit drei Argumenten: Alle Wesen, nicht nur die Menschen, streben sie an. Sie wird an sich, also nicht als Mittel für etwas anderes, angestrebt. Alle anderen Güter gewinnen an Wert, wenn die Lust zu ihnen hinzukommt. Wie für Hedonisten generell ist auch für Aristippos die Lust das höchste Gut. Seinen lustfeindlichen Kritikern entgegnete er:

Ich bin ihr Herr und nicht ihr Knecht; denn zu gebieten über die Lust und ihr nicht zu unterliegen, das ist wahrhaft preiswürdig, nicht sie sich zu versagen.[162]

(Aristippos von Kyrene)

Für ihn ist Lust eine wahrgenommene glatte Bewegung wie der Wellengang des Meeres bei leichtem Wind im

Gegensatz zum Sturm, der dem Schmerz oder der Unlust entspricht. Lust und Schmerz können im Körper und in der Seele stattfinden, sind aber prinzipiell gleicher Art. Auch für Aristippos ist der Hedonismus die Gegenposition zum Eudämonismus, da Glück eine Kombination verschiedener Lüste sei. Für die Hedonisten gilt, dass es für sie keinen Sinn macht, der Vergangenheit nachzutrauern oder das Gute in der Zukunft zu erstreben. Was zählt, ist immer nur der Augenblick. Dabei geht es darum, die Lüste zu beherrschen und ihnen nicht zu unterliegen. Insgesamt verstanden diese Griechen die *Lust als die Wiederherstellung des natürlichen Zustandes*, also des Zustands, in dem wir uns befinden sollten.

Epikur (341–270 v. u. Z.) ist der bekannteste der Hedonisten. Auf seinen Namen spielt die im Alltag abfällig gebrauchte Bezeichnung *epikureisch* im Sinne von genusssüchtig an. Dabei war er alles andere als gerade das. Da Epikur im Gegensatz zu Platon an kein Weiterleben der Seele nach dem Tode glaubte, suchte er die Erfüllung im Diesseits zu erlangen.[163] Seine Ethik sah zwar ebenfalls in der Lust das höchste Gut. Es ist jedoch ein modernes Missverständnis, dass es ihm dabei um reine, exzessive Lustbefriedigung gegangen sei. Vielmehr strebte er eine Art von Seelenruhe (*ataraxia*) durch ein bewusstes und maßvolles Leben an. Alles, was wir erreichen können, können wir daher nur in diesem Leben erreichen. Deshalb sollten wir Schmerzen zu vermeiden suchen und Lust mit Augenmaß genießen. Epikur fällt in der griechischen Antike schon in die Phase des Hellenismus, als die Philosophie schon individualistisch wurde und sich nicht mehr wie in der Klassik bei Platon und Aristoteles um das gerechte Leben in der

Polis, d.h., der städtischen Lebensgemeinschaft, drehte. Hossenfelder zeichnet folgende Logik für den Lustbegriff von Epikur nach: *Eudaimonia* wird als individuelles Glück definiert; dieses besteht in *ataraxia*; diese ist *hedone*; also ist Lust das höchste Gut.[164] Bei aller Seelenruhe war Epikur allerdings kein Geschmacksverächter, als der er modernen Hedonisten oft gilt, wie dieses überlieferte Zitat beweist:

Ich jedenfalls weiß nicht, was ich mir unter dem Guten vorstellen soll, wenn ich mir die Lüste des Geschmacks, die Lüste der Liebe, die Lüste des Gehörs wegnehme sowie die lustvollen Bewegungen, die durch den Anblick einer Gestalt erzeugt werden, und was sonst für Lüste im gesamten Menschen durch irgendeinen Sinn entstehen. Und man kann nicht sagen, daß nur die Freude des Geistes zu den Gütern zähle.[165]

(Epikur)

Der individuelle Ansatz zur Definition des höchsten Gutes erklärt, wieso in unserer modernen individualistischen Gesellschaft das hedonistische Denken wieder populär ist, leider in der negativen Form. Ein aktueller Vertreter eines aufgeklärten Hedonismus ist Bernulf Kanitscheider, der sogar ein »Hedonistisches Manifest« geschrieben hat.[166] Das Buch ist nicht so reißerisch wie sein Titel, sondern eine solide philosophische Auseinandersetzung mit hedonistischen Positionen der Philosophiegeschichte von Aristippos über Jean-Jacques Rousseau und David Hume bis Bertrand Russell. Rousseau wird mit der Aussage angeführt, dass er Einsicht suche, weil er genießen wolle, und Hume betrachtete die Vernunft als Sklavin der

Leidenschaft, wohingegen Russell den Kern seiner Ethik in der Verwaltung der von der Vernunft geleiteten Leidenschaften sah.[167] Kanitscheider und seine angeführten Gewährsmänner sehen im Genuss, in der Lust, in den Begierden und den Leidenschaften Kräfte, die schöpferische Aktivitäten nähren und tragen. Immer, d. h., bereits bei Epikur, war der philosophische Hedonismus in eine Ethik eingebunden. Nie ging es um rücksichtslose Triebbefriedigung, sondern um die genussvolle Steigerung der Lebensqualität. Sogar Adorno wird von Manuel Knoll als ein Vertreter eines utopischen Hedonismus gelesen, für den Ethik die erste Philosophie war. Er begründet dies damit, dass Adornos Philosophie ihren Ausgangspunkt im subjektiv wahrgenommenen gesellschaftlichen Leiden nimmt mit dem Ziel der Befreiung der Lüste in einer versöhnten Gesellschaft.[168] Verzichtet der Hedonismus allerdings auf die Kritik der gesellschaftlichen Verhältnisse, dann trägt er zur Erhaltung und Reproduktion einer Gesellschaft bei, in der die Triebe und Lüste nicht wirklich frei sind.

Im ethisch verantwortlichen Genuss, also in einem Genuss, der auf seiner anderen Seite die Sorge für alles Lebendige hat, nähren wir unsere Vitalität und stärken unsere Kraft, die uns befähigt, für ein lebenswertes Leben aller Lebewesen einzutreten. Dafür steht meine Ethik des Lebens in ihrer Einheit von Genuss und Sinn.

Vom Ganzen zum Einzelnen

Leben ist nur eines, denn alles hängt mit allem zusammen. Selbst das, was üblicherweise als anorganisch betrachtet wird – die Mineralien im Gestein –, sind unmittelbar lebensdienlich, wenn nicht sogar auf gewisse Weise lebendig (siehe oben die einleitenden Bemerkungen zu diesem Kapitel). Nichts kann für sich allein leben, auch wir Menschen bilden eine Symbiose mit unzähligen Mikroorganismen, die unseren Körper bevölkern. Jedes einzelne In-dividuum ist also kein Unteilbares, sondern bereits sein eigener Vielvölkerstaat oder eine Assemblage (Zusammensetzung) aus Eigenem und Fremdem. Die Ethik des Lebens kann daher nicht vom Einzelnen ausgehen, sondern muss sich vom Leben insgesamt und seiner Aufrechterhaltung begründen. Von hier bestimmen sich dann die gesellschaftlichen Handlungsprinzipien und die individuellen Tugenden, und zwar in der Weise, was für die Aufrechterhaltung und Pflege der lebendigen Welt notwendig ist. Das angestrebte Gute ist der Erhalt und die Pflege des planetarischen Lebensnetzes.

Wenn man das Gute allein vom menschlichen Individuum her denkt, dann besteht die Gefahr, dass es sich als Partialinteresse gegen das Gemeinsame wendet. Das wohlverstandene Eigeninteresse muss sich aus dem Überlebensinteresse des Ganzen ableiten. Das gilt auch für den gerade ausgeführten ethischen Hedonismus, der immer ein gemeinschaftsorientierter ist und Solidarität mit allen Lebewesen empfindet. Daraus resultiert der erste ethische Grundsatz: *Nichts Lebendigem unnötiges Leid zufügen!*

Dass es kein richtiges Leben im falschen gibt, war

Adornos Diktum in seiner Minima Moralia.[169] Das bedeutet, dass es in einer Gesellschaft, deren Wirtschaft darauf aufbaut, natürliche Ressourcen inklusive der lebendigen Arbeitskraft rücksichtslos auszubeuten, nur schwer ist, ein individuell richtiges Leben zu führen. Dennoch muss man sich darum bemühen, schon um die eigene Würde nicht zu verlieren. Da es Leben allerdings nur in der Totalität des planetarischen Lebensnetzes gibt und richtiges individuelles Leben in einer falschen Gesellschaft nur sehr eingeschränkt möglich ist, gilt in Analogie zum Kategorischen Imperativ von Karl Marx[170] der zweite ethische Grundsatz: *alle Verhältnisse umzuwerfen, in denen ein Lebewesen gezwungen ist, ein erniedrigtes, geknechtetes, verlassenes, verächtliches Dasein zu fristen.*

Vulnerabilität, also Verletzlichkeit, ist eine grundsätzliche Eigenschaft aller Lebewesen, nicht nur der Menschen. Wie sehr Leben auf unserem Planeten eins ist, zeigt sich daher auch am negativen Beispiel, da, wo Leben durch rücksichtsloses wirtschaftliches Handeln gefährdet wird. Durch die zunehmende Einschränkung tierischer Lebensräume im Rahmen einer rücksichtslosen und inhumanen industriellen Fleischproduktion wurden die Bedingungen geschaffen, dass vormals tierische Viren sich jetzt vermehrt menschliche Wirte suchen und so menschliches Leben weltweit gefährden. Covid-19 war nicht der Anfang und ist noch lange nicht das Ende. Man kann Leben eben nicht in Abteilungen unterteilen und glauben, Menschen seien nicht davon betroffen, wenn tierische Biotope zerstört werden. Leben ist ein zusammenhängendes Netzwerk, und was Menschen diesem planetarischen Lebensnetz antun, wirkt auf sie zurück. Auf die eine oder andere Weise.

Widerstand gegen die wirtschaftliche Lebensgefährdung handelt im Namen des Lebens und des Rechts aller Lebewesen, am Leben bleiben zu wollen und dieses Leben auch zu genießen.

Individuell ethisches Verhalten bleibt gebunden an die richtige Verfassung des gesellschaftlichen Ganzen. Das galt schon für Aristoteles, der seine Ethik im Rahmen seiner Politik ausführte. Und heute gilt es immer noch: Gesellschaftliches Engagement in der Sorge für die mehr als menschliche Welt und ein genießendes, lustvolles Leben sind zwei Seiten der gleichen Medaille. Wenn es auch kein richtiges Leben im falschen geben kann, so doch ein richtigeres, das wenigstens versucht, die allgemeinen Lebensbedingungen, die auch die eigenen sind, so wenig wie möglich zu beschädigen. Hier schließt sich der Kreis zu der eingangs in diesem Abschnitt diskutierten Frage nach der emotional-motivationalen Grundlage eines individuellen ethischen Handelns. Sie liegt darin, eigenes und fremdes Leiden zu erfahren sowie für eine versöhnte Gesellschaft einzutreten, in der die eigene Lebendigkeit in der Beziehung zu anderen und anderem genossen werden kann. Da hatte der utopische Hedonist Adorno recht. Eine Ethik des Lebens bringt diese Zusammenhänge als individuelle und kollektive, moralische und politische Handlungsgrundlage auf den Punkt.

Also genießen und genießen lassen, um den Beziehungen, die ein Subjekt zunächst zu sich selbst, sodann zu anderen unterhält, Sinn zu geben.[171]

(*Michel Onfray*)

Literatur

Abram, David (2021). Im Banne der sinnlichen Natur. Die Kunst der Wahrnehmung und die mehr-als-menschliche Welt. (3. Aufl.). Klein Jasedow: Drachen.

Adler, Alfred (2014). Der Sinn des Lebens. Ohne Ort: FV Éditions (ebook).

Adorno, Theodor W. (1973). Ästhetische Theorie. Frankfurt a. M.: Suhrkamp.

Adorno, Theodor W. (1984). Minima Moralia. Reflexionen aus dem beschädigten Leben. Frankfurt a. M.: Suhrkamp.

Adorno, Theodor W. (1996). Probleme der Moralphilosophie. Frankfurt a. M.: Suhrkamp.

Arendt, Hannah (1981). Vita activa oder Vom tätigen Leben. München, Zürich: Piper.

Aristoteles (1995). Nikomachische Ethik. Philosophische Schriften in sechs Bänden, Band 3. Hamburg: Felix Meiner.

Arlt, Hans-Jürgen; Zech, Rainer (2015). Arbeit und Muße. Ein Plädoyer für den Abschied vom Arbeitskult. Wiesbaden: Springer.

Aurelius Augustinus (1989). Bekenntnisse. Stuttgart: Reclam.

Bateson, Gregory (1984). Geist und Natur. Eine notwendige Einheit. (4. Aufl.). Frankfurt a. M.: Suhrkamp.

Baumgarten, Alexander Gottlieb (1983). Theoretische Ästhetik. Die grundlegenden Abschnitte aus der »Aesthetica« (1750/58). Hamburg: Meiner.

Bennett, Jane (2001). The Enchantment of Modern Life. Attachments, Crossings, and Ethics. Princeton: Princeton University Press (ebook).

Bennett, Jane (2010). Vibrant Matter. A Political Ecology of Things. Durham and London: Duke University Press (ebook).

Die Bibel (1964): Die Ganze heilige Schrift des alten und neuen Testaments. Köln: Naumann & Göbel.

Böhme, Gernot (2019). Leib: Die Natur, die wir selbst sind. Berlin: Suhrkamp.

Böhme, Gernot (2021) Leibsein als Aufgabe. Leibphilosophie in pragmatischer Hinsicht. (3. revidierte u. korrigierte Aufl.). Zug: Die Graue Edition.

Butler, Judith (2007). Kritik der ethischen Gewalt. Frankfurt a. M.: Suhrkamp.

Camus, Albert (1981). Der Mythos von Sisyphos. Ein Versuch über das Absurde. Hamburg: Rowohlt.

Camus, Albert (1984). Der Mensch in der Revolte. Reinbek bei Hamburg: Rowohlt.

Camus, Albert (1988). Hochzeit des Lichts. Heimkehr nach Tipasa. Mittelmeer-Essays. Darmstadt: Luchterhand.

Camus, Albert (1996). Licht und Schatten. Reinbek bei Hamburg: Rowohlt.

Cicero, Marcus Tullius (2001). Cato der Ältere über das Alter. Laelius über die Freundschaft. Düsseldorf, Zürich: Artemis & Winkler.

Eagleton, Terry (2008). Der Sinn des Lebens. Berlin: Ullstein.

Epikur (1986). Von der Überwindung der Furcht. Katechismus, Lehrbriefe, Spruchsammlung, Fragmente. (3. Aufl.). Eingeleitet und übertragen von Olof Gigon. München: dtv.

Danzer, Gerhard (2003). Merleau-Ponty. Ein Philosoph auf der Suche nach dem Sinn. Berlin: Kadmos.

Dewey, John (1988). Kunst als Erfahrung. Frankfurt a. M.: Suhrkamp.

Descartes, René (1965). Die Prinzipien der Philosophie. (7. Aufl.). Hamburg: Meiner.

Diogenes Laertius (1990). Leben und Meinungen berühmter Philosophen. Hamburg: Meiner.

Emerson, Ralph Waldo (2019). Natur. Zürich: Diogenes (ebook).

Erpenbeck, John (2018). Wertungen, Werte. Das Buch der Grundlagen für Bildung und Organisationsentwicklung. Heidelberg: Springer.

Frankl, Viktor E. (2005). Der Mensch vor der Frage nach dem Sinn. München, Zürich: Piper.

Frankl, Viktor E. (2021) Über den Sinn des Lebens (4. Aufl.). Weinheim, Basel: Beltz.

Ferry, Luc (1992). Der Mensch als Ästhet. Die Erfindung des Geschmacks im Zeitalter der Demokratie. Stuttgart, Weimar: Metzler.

Feuerbach, Ludwig (1974). Das Wesen des Christentums. Stuttgart: Reclam.

Foucault, Michel (1993). Wahrheit, Macht, Selbst. Ein Gespräch zwischen Rux Martin und Michel Foucault. In M. Foucault, R. Martin, L. H. Martin, W. E. Paden, K. S. Rothwell, H. Gutman, P. H. Hutton (Hrsg.), Technologien des Selbst (S. 15–23). Frankfurt a. M.: S. Fischer.

Das Gilgamesch-Epos (2005). Neu übersetzt und kommentiert von Stefan M. Maul. München C.H. Beck.

Goethe, Johann Wolfgang (1962). Maximen und Reflexionen. In J. W. Goethe. Gesammelte Werke in acht Bänden, hrsg. v. Bernt von Heiseler. Achter Band. Vermischte Schriften (S. 345–499). Gütersloh: Bertelsmann.

Gracián, Baltasar (1786). Die Kunst zu leben. Vortreffliche Regeln eines alten Weltmannes fürs menschliche Leben. Leipzig: Wengandsche Buchhandlung.

Grondin, Jean (2006). Vom Sinn des Lebens. Göttingen: Vandenhoeck & Ruprecht.

Hazen, Robert (2007). Was ist Leben? Spektrum der Wissenschaft, Oktober 2007, 66–70.

Heidegger, Martin (2001). Sein und Zeit (18. Aufl.). Tübingen: Niemeyer.

Heine, Heinrich (o.J.). Deutschland. Ein Wintermärchen. (S. 92–171). In H. Heine. Werke. Band 1. Wiesbaden: Löwit.

Hesse, Hermann (2013). Stufen. Ausgewählte Gedichte. Berlin: Insel (ebook).

Holzkamp, Klaus (1983). Grundlegung der Psychologie. Frankfurt a. M., New York: Campus.

Horkheimer, Max; Adorno, Theodor W. (1990). Dialektik der Aufklärung. Frankfurt a. M.: Fischer.

Hossenfelder, Malte (2017). Epikur. (4. Aufl.). München: C.H. Beck

Huizinga, Johan (2004). Homo ludens. Vom Ursprung der Kultur im Spiel (19. Aufl.). Reinbek bei Hamburg: Rowohlt.

Inglehart, Ronald (1977). The Silent Revolution. Changing Values and Political Styles among Western Publics. Princeton: Princeton University Press.

Jullien, François (2012). Philosophie des Lebens. Wien: Passagen.

Jullien, François (2014). Der Weg zum Anderen. Alterität im Zeitalter der Globalisierung. Wien: Passagen.

Jullien, François (2016). Von Landschaft leben oder Das Ungedachte der Vernunft. Berlin: Matthes & Seitz.

Jullien, François (2020). Ein zweites Leben. Wien: Passagen (ebook).

Jullien, François (2022a). Existierend Leben. Eine neue Ethik. Berlin: Matthes & Seitz.

Jullien, François (2022b). Das Unerhörte. Wien: Passagen.

Kanitscheider, Bernulf (2011). Das Hedonistische Manifest. Stuttgart: Hirzel.

Kant, Immanuel (1974). Kritik der reinen Vernunft 2. In I. Kant. Werkausgabe Band IV, hrsg. v. Wilhelm Weischedel. Frankfurt a. M.: Suhrkamp.

Kant, Immanuel (1977). Beantwortung der Frage: Was ist Aufklärung? In I. Kant. Werkausgabe Band XI, hrsg. v. Wilhelm Weischedel. (S. 53-61). Frankfurt a. M.: Suhrkamp.

Kant, Immanuel (1982). Die Metaphysik der Sitten. In I. Kant. Werkausgabe Band VIII, hrsg. v. Wilhelm Weischedel. (S. 303–425) (5. Aufl.). Frankfurt a. M.: Suhrkamp.

Kant, Immanuel (1990). Vorlesung über Ethik. Hrsg. v. Gerd Gerhardt. Frankfurt a. M.: Fischer.

Kierkegaard, Sören (1993). Entweder – Oder. Teil I und II (2. Aufl.). München: dtv.

Klein, Stefan (2002). Die Glücksformel oder Wie die guten Gefühle entstehen. Hamburg: Rowohlt.

Knoll, Manuel (2002). Theodor W. Adorno. Ethik als erste Philosophie. München: Fink.

Knott, Marie Luise (2022). Ich danke den Verhältnissen für ihre Widersprüche. Dankesrede zum Tractatus-Preis 2022. https://www.perlentaucher.de/essay/dankesrede-zum-tractatus-preis-2022.html [Zugriff 16.10.2022]

Kracauer, Siegfried (1971). Über die Freundschaft. Frankfurt a. M.: Suhrkamp.

Lasker-Schüler, Else (2004). Sämtliche Gedichte. Frankfurt a. M.: Suhrkamp.

Lehnerer, Thomas (1994). Methode der Kunst. Würzburg: Königshausen & Neumann.

Lovelock, James (1992). Gaia. Die Erde ist ein Lebewesen. (2. Aufl.). Bern, München, Wien: Scherz.

Luhmann, Niklas (1997): Die Gesellschaft der Gesellschaft. 2 Teilbände, Frankfurt a. M.: Suhrkamp

Marcuse, Herbert (1987). Triebstruktur und Gesellschaft. Frankfurt a. M.: Suhrkamp.

Marx, Karl (1974). Zur Kritik der Hegelschen Rechtsphilosophie (S. 378–391). In MEW Bd. 1. Berlin: Dietz.

Matuschek, Stefan (2021). Der gedichtete Himmel. Eine Geschichte der Romantik. München: C.H. Beck (ebook).

Metzinger, Thomas (2014). Der EgoTunnel. Eine Philosophie des Selbst: Von der Hirnforschung zur Bewusstseinsethik. München: Piper (ebook).

Metzinger, Thomas (2023). Bewusstseinskultur. Berlin, München: Berlin Verlag (ebook).

Merleau-Ponty, Maurice (1965). Phänomenologie der Wahrnehmung. Berlin: de Gruyter.

Nietzsche, Friedrich (1980a). Götzendämmerung. In F. Nietzsche. Sämtliche Werke. Kritische Studienausgabe in 15 Bänden, hrsg. v. Giorgio Colli und Mazzino Montinari,

Band 6. (S. 55–159). München, Berlin/New York: dtv, de Gruyter.

Nietzsche, Friedrich (1980b). Also sprach Zarathustra. In F. Nietzsche. Sämtliche Werke. Kritische Studienausgabe in 15 Bänden, hrsg. v. Giorgio Colli und Mazzino Montinari, Band 4. München, Berlin/New York: dtv, de Gruyter.

Nietzsche, Friedrich (1980c). Die Geburt der Tragödie. In F. Nietzsche, Sämtliche Werke. Kritische Studienausgabe in 15 Bänden, hrsg. v. Giorgio Colli und Mazzino Montinari, Band 1 (S. 9–156). München, Berlin/New York: dtv, de Gruyter.

Nietzsche, Friedrich (1980d). Die Fröhliche Wissenschaft. In F. Nietzsche, Sämtliche Werke. Kritische Studienausgabe in 15 Bänden, hrsg. v. Giorgio Colli und Mazzino Montinari, Band 3 (S. 343–651). München u. a.: dtv, de Gruyter.

Novalis (1901) Schriften. Zweiter Theil. Erste Hälfte. Berlin: Georg Reimer.

Nurse, Paul (2021). Was ist Leben? Die fünf Antworten der Biologie. Berlin: Aufbau (ebook).

Onfray, Michel (1993). Philosophie der Ekstase. Frankfurt a. M., New York: Campus.

Paech, Niko (2020). Suffizienz als Antithese zur modernen Wachstumsorientierung. (S. 105–186). In M. Folkers, N. Paech. All you need is less. Eine Kultur des Genug aus ökonomischer und buddhistischer Sicht. München: oekom (ebook).

Pelluchon, Corine (2020). Wovon wir leben. Eine Philosophie der Nahrung und der Umwelt. Darmstadt: wbg.

Pelluchon, Corine (2021). Das Zeitalter der Lebendigkeit. Eine neue Philosophie der Aufklärung. Darmstadt: wbg.

Piper, Josef (2007): Muße und Kult. München: Kösel.

Platon (1985). Das Trinkgelage. Über den Eros. Übertragung, Nachwort und Erläuterungen von Ute Schmidt-Berger. Frankfurt a. M.: Insel.

Rauterberg, Hanno (2015). Die Kunst und das gute Leben. Über die Ethik der Ästhetik. (2. Aufl.). Berlin: Suhrkamp.

Rilke, Rainer Maria (2001). Hiersein ist herrlich. Gedichte, Erzählungen, Briefe zusammengestellt von Vera Hauschild. Frankfurt a. M. und Leipzig: Insel.

Rilke, Rainer Maria (2010). Die Gedichte. Rilkes lyrisches Werk in einem Band. Berlin: Insel (ebook).

Rimbaud, Arthur (2010). Prosa über die Zukunft der Dichtung. Die Seher-Briefe. Berlin: Matthes & Seitz.

Röd, Wolfgang (2002). Benedictus de Spinoza. Stuttgart: Reclam.

Rosa, Hartmut (2016). Resonanz. Eine Soziologie der Weltbeziehungen. Berlin: Suhrkamp.

Rousseau, Jean-Jacques (2012). Träumereien eines einsam Schweifenden. Berlin: Matthes & Seitz (ebook).

Russell, Bertrand (o.J.). Lob des Müßiggangs. Zürich: Coron.

Safranski, Rüdiger (2021). Einzeln sein. Eine philosophische Herausforderung. München: Hanser (ebook).

Schiller, Friedrich (1961). Über die ästhetische Erziehung des Menschen in einer Reihe von Briefen. In F. Schiller, Gesammelte Werke in fünf Bänden, hrsg. v. Reinhold Netolitzky, 5. Band (S. 319–429). Darmstadt: Bertelsmann.

Schmid, Wilhelm (2002). Hin zum Schönen? Zur Frage der Lebenskunst in Zeiten der Krise des Eros (S. 18–34). In K. P. Liesmann. Der listige Gott. Über die Zukunft des Eros. Wien: Zsolnay.

Schmid, Wilhelm (2004). Mit sich selbst befreundet sein. Von der Lebenskunst im Umgang mit sich selbst. Frankfurt a. M.: Suhrkamp.

Seel, Martin (1996a). Die Ästhetik der Natur. Frankfurt a. M.: Suhrkamp.

Seel, Martin (1996b). Ethisch-ästhetische Studien. Frankfurt a. M.: Suhrkamp.

Sen, Amartya (1993). Capability and Well-Being. In M. Nussbaum; A. Sen (Ed.). The Quality of Life. (pp.30–53) Oxford: University Press.

Sharma, Nil (2021). Die Anatomie des Kochens. Die Vielfalt des Geschmacks einfach auf den Punkt gebracht. Igling: EMF.

Simmel, Georg (1992). Untersuchungen über die Formen der Vergesellschaftung. In G. Simmel Gesamtausgabe Band 11. Frankfurt a. M.: Suhrkamp.

Sloterdijk, Peter (1983). Kritik der zynischen Vernunft. 2 Bände. Frankfurt a. M.: Suhrkamp.

Solnit, Rebecca (2020). Die Kunst, sich zu verlieren. Berlin: Matthes & Seitz (ebook).

Straub, Eberhard (2004). Vom Nichtstun. Leben in einer Welt ohne Arbeit. Berlin: wjs verlag.

Tu Weiming (2023). Menschsein lernen: Entwurf eines Humanismus im konfuzianischen Geist. Berlin: Matthes & Seitz.

Weber, Max (2006). Wissenschaft als Beruf. In M. Weber. Politik und Gesellschaft. (S. 1016-1040), Frankfurt a. M.: Zweitausendeins.

Welzer, Harald (2020). Alles könnte anders sein: Eine Gesellschaftsutopie für freie Menschen. (3. Aufl.). Frankfurt a. M.: Fischer.

Welzer, Harald (2021). Nachruf auf mich selbst. Frankfurt a. M.: Fischer (ebook).

Wilson, O. Edward (2015). Der Sinn des menschlichen Lebens. München: C.H. Beck (ebook).

Zech, Rainer (2013). Organisation, Individuum, Beratung. Systemtheoretische Reflexionen. Göttingen: Vandenhoeck & Ruprecht.

Zech, Rainer (2022). Gelingendes Leben in einer unsicheren Welt. Ein ethischer Kompass. Göttingen: Vandenhoeck & Ruprecht.

Anmerkungen

1   Weber 2006, S. 1029.

2   Horkheimer, Adorno 1990.

3   Metzinger 2023, S. 103.

4   Bennett 2001.

5   Siehe auch Zech 2022, S. 57 ff.

6   Knott 2022

7   Zech 2022.

8   Butler 2007, S. 178.

9   Lovelock 1992, zum Leben insgesamt vgl. Zech 2022, S. 59 ff. u. 73 ff.

10   Zech 2022, S. 90 ff.

11   Jullien 2012.

12   Jullien 2016, S. 165.

13   Safranski 2021, S. 14.

14   Heidegger 2001.

15   Arendt 1981, S. 15 f.

16   Pelluchon 2020, S. 68 ff.

17   Pelluchon 2020, S. 75.

18   Jullien 2020, S. 12.

19   Zech 2022, S. 110 ff.

20   Nietzsche 1980b, S. 93.

21   Welzer 2021, S. 46 ff.

22   Welzer 2021, S. 106.

23   Luhmann 1997.

24   Zech 2022, S. 123 ff.

25   Hesse 2013, S. 197, 1. Strophe.

26   Kant 1977, S. 53.

27   Kant 1974, S. 430 ff.

28   Welzer 2020.

29 Descartes 1965.

30 Varela, Thomson, Rosch 2016, S. 181-182 u. Metzinger 2014.

31 Bennett 2010.

32 Nurse 2021, S. 17.

33 https://www.swr.de/swr2/leben-und-gesellschaft/bundeskabinett-beraet-ueber-einsamkeits-strategie-100.html [Zugriff 15.01.2024].

34 Zech 2022, S. 99 ff.

35 Novalis 1902, S. 304.

36 Matuschek 2021, S. 139.

37 Pelluchon 2020, S. 12.

38 Baumgarten 1983.

39 Pelluchon 2020, S. 37.

40 Rilke 2001, S. 15.

41 Bennett 2001, S. 4.

42 Zech 2022, S. 98 ff., hier S. 121 f.

43 Rilke 2001, S. 42.

44 Jullien 2014 bei dessen Theorie des Dazwischen ich mich bediene, S. 64 ff.

45 Das Gilgamesch-Epos 2005.

46 Aristoteles 1995.

47 Simmel 1992, S. 395 ff.

48 Aristoteles 1995, S. 223, 1168b und Schmid 2004.

49 Die Bibel 1964, Mk 12, 31

50 Kierkegaard 1993, S. 900 f.

51 Kracauer 1971, S. 26.

52 Cicero 2001, S. 83.

53 Arlt, Zech 1995.

54 Marx 2012, S. 462 f.

55 Zech 2022, S. 33 ff.

56   Aristoteles 1995, S. 249, 1177b.

57   Piper 2007, S. 95.

58   Straub 2004.

59   Arendt 1981.

60   Arlt, Zech 2015.

61   Böhme 2019 u. 2021.

62   Seel 1996a.

63   Seel 1996a.

64   Emerson 2019, S. 6 u. 13.

65   Lehnerer 1994, S. 140.

66   Rauterberg 2015, S. 204.

67   Zech 2013, S. 141.

68   Dewey 1988, S. 9 ff.

69   Pelluchon 2020, S. 66 f.

70   Pelluchon 2020, S. 82 f.

71   Jullien 2016.

72   Jullien 2016, S. 31 ff.

73   Camus 1988, S. 31.

74   Camus 1981.

75   Camus 1984, S. 226 ff.

76   Camus 1996.

77   Frankl 2021.

78   Jullien 2016, S. 101 ff., 107 ff., 148 f. u. 173

79   Jullien 2016, S. 103.

80   Pelluchon 2021, S. 32 f., 54 ff., 144 ff.

81   Tu Weiming 2023.

82   Röd 2002.

83   Merleau-Ponty 1965, S. 16.

84   Adler 2014, S. 10.

85   Adler 2014, S. 20.

86   Grondin 2006, S. 18 ff.

87   Eagleton 2008, S. 30.

88   Eagleton 2008, S. 58.

89   Nietzsche 1980a, S. 60 f.

90   Frankl 2005.

91   Abram 2021, S. 270.

92   Wilson 2015, S. 94.

93   Danzer 2003, S. 111 u. 123.

94   Nietzsche 1980b, S. 39 f.

95   Schmid 2004, S. 305.

96   Bateson 1984, S. 19.

97   Grondin 2006, S. 14 f.

98   Zech 1922, S. 90 ff.

99   Eagleton 2008, S. 136 und 163.

100 Grondin 2006, S. 29.

101 Augustinus 1989, S. 28 u. 23.

102 Ferry 1992, S. 18.

103 Gracián 1786, S. 104.

104 https://de.wikipedia.org/wiki/Genuss   [Zugriff
     21.03.2022].

105 Klein 2002, S. 131 ff.

106 https://www.duden.de/rechtschreibung/genieszen
     [Zugriff 21.03.2022].

107 Pelluchon 2020.

108 Rosa 2016, S. 51.

109 Rosa 2016, S. 749.

110 Paech 2020.

111 Solnit 2020, S. 23.

112 Erpenbeck 2018, z.B. S. 105 u. 141.

113 Erpenbeck 2018, S. 41.

114 Inglehart 1977.

115 Zech 2022, S. 79 ff.

116 Sen 1993.

117 Zech 2022, S. 124 ff.

118 Grondin 2006, S. 66 f.

119 Heine o.J., S. 97.

120 Grondin 2006, S. 28.

121 Sharma 2021.

122 Jullien 2022b.

123 Schiller 1961, S. 372 f.

124 Huizinga 2004.

125 Eigenes Rezept

126 Platon 1985.

127 Sloterdijk 1983, S. 465.

128 Sloterdijk 1983, S. 652 ff.

129 https://www.tagesspiegel.de/kultur/25-jahre-ein-stein-forum-aesthetik-der-erkenntnis/22703800.html [Zugriff 05.04.2022]

130 Foucault 1993, S. 15.

131 Holzkamp 1983, S. 319.

132 Nietzsche 1980b, S. 40.

133 Nietzsche 1980c.

134 Nietzsche 1980d, S. 348.

135 Onfray 1993, S. 26 ff.

136 Onfray 1993, S. 42.

137 Rousseau 2012, S. 86.

138 Goethe o.J., S. 412.

139 Jullien 2022a u. 2022b.

140 Jullien 2022a, S. 140.

141 Jullien 2022b, S. 23.

142 Adorno 1973, S. 169 f.

143 Rimbaud 2010, S. 25 f.

144 Kant 1982, S. 389.

145 Kant 1982, S. 390 f.

146 Feuerbach 1974, S. 475 f.

147 Kant 1990, S. 176.

148 Lasker-Schüler 2004, S. 29.

149 Nurse 2021, S. 11.

150 Hazen 2007.

151 Ausführlicher Zech 2022, S. 73ff.

152 Rilke , S. 134.

153 Zech 2022, S. 67 ff u. S. 72 ff.

154 Ausführlich Zech 2022, S. 99 ff.

155 Schmid 2002, S. 27.

156 Jullien 2022a.

157 Jullien 2022a, S. 50 ff.

158 Adorno 1996, S. 130.

159 Russell o.J., S. 74.

160 Marcuse 1987.

161 Hossenfelder 2017 S. 29–42.

162 Diogenes Laetius 1990, S. 110.

163 Epikur 1986.

164 Hossenfelder 2017, S. 63.

165 Epikur in Hossenfelder 2017, S. 70.

166 Kanitscheider 2011.

167 Kanitscheider 2011, S. 109, 107 u. 159.

168 Knoll 2002.

169 Adorno 1984, S. 42.

170 Marx 1974, S. 385

171 Onfray 1993, S. 142.